山东省自然科学基金面上项目"非国有股东网络与
——基于信息资源和治理的双效应研究"（项目编

Network Centrality of
INSTITUTIONAL
INVESTORS
and Corporate Capital Efficiency
Research based on Funds and QFIIs

机构投资者网络中心度与公司资本效率

基于基金与 QFII 的研究

乔　琳　◎著

中国财经出版传媒集团
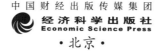
经济科学出版社
Economic Science Press
·北京·

图书在版编目（CIP）数据

机构投资者网络中心度与公司资本效率：基于基金
与 QFII 的研究／乔琳著． -- 北京：经济科学出版社，
2025．6． -- ISBN 978 - 7 - 5218 - 6888 - 3

Ⅰ．F830.59；F276.6

中国国家版本馆 CIP 数据核字第 20259PW429 号

责任编辑：杨金月
责任校对：杨　海
责任印制：范　艳

机构投资者网络中心度与公司资本效率
——基于基金与 QFII 的研究

JIGOU TOUZIZHE WANGLUO ZHONGXINDU YU GONGSI ZIBEN XIAOLÜ
——JIYU JIJIN YU QFII DE YANJIU

乔　琳　著

经济科学出版社出版、发行　新华书店经销
社址：北京市海淀区阜成路甲 28 号　邮编：100142
总编部电话：010 - 88191217　发行部电话：010 - 88191522
网址：www. esp. com. cn
电子邮箱：esp@ esp. com. cn
天猫网店：经济科学出版社旗舰店
网址：http://jjkxcbs. tmall. com
北京季蜂印刷有限公司印装
710 × 1000　16 开　11.75 印张　160000 字
2025 年 6 月第 1 版　2025 年 6 月第 1 次印刷
ISBN 978 - 7 - 5218 - 6888 - 3　定价：80.00 元
（图书出现印装问题，本社负责调换。电话：010 - 88191545）
（版权所有　侵权必究　打击盗版　举报热线：010 - 88191661
QQ：2242791300　营销中心电话：010 - 88191537
电子邮箱：dbts@ esp. com. cn）

前　言

作为影响公司经营行为重要因素的机构投资者是学术界的研究热点之一，但有关机构投资者对公司经营绩效的影响研究并未形成一致观点。具体来说，一种观点认为机构投资者持股有利于公司治理的改进及公司经营绩效的提高；另一种观点则认为机构投资者持股无助于公司治理的改进及公司经营绩效的提高。

针对这样的研究现状，本书认为，既有研究忽略了机构投资者网络及机构投资者的不同类型对公司行为的影响。现有国内外学者大多从同质、独立角度研究机构投资者对公司行为的影响，既忽略了机构投资者之间存在的联系，也忽略了不同类型机构投资者之间的联系对公司行为影响的差异。因此，结合社会网络关系的相关理论，从网络中心度视角探寻不同类型的机构投资者对公司经营行为及绩效的影响不仅必要，而且可行。

公司的资本效率关系到自身的长期可持续发展，也关系到社会整体福利的帕累托改进，如何提高公司的资本效率就成为学者们研究的重点问题。资本效率就是资本投入经济运作和使用的有效程度。现有全面考虑资本运作使用的有效程度的研究大多关注资本效率对经济发展的影响，即关注宏观层面的资本效率问题，而从微观层面考察企业资本效率问题的研究比较少见。

本书立足于公司资本效率对公司经营及经济发展的重要意义以及机构投资者网络中心度普遍存在的现实，在文献研究和追溯的基础上，研究发现不同类型的机构投资者对公司行为的影响存在差异。这为本书选择"机构投资者网络中心度与公司资本效率"这一研究选题奠定了基础。作为机构投资者的重要代表,由于基金与合格境外机构投资者(QFII)在投资行为和投资理念方面存在差异,其网络中心度对公司资本效率的影响也有可能会不同。本书试图去探究基金网络中心度与QFII网络中心度对公司资本效率产生的不同影响,以及QFII网络中心度是否会调节基金网络中心度带来的不利影响。在此基础上,进一步探究公司内外部治理水平对基金网络中心度和QFII网络中心度在影响公司资本效率过程中发挥的调节效应。考虑到在某些上市公司中,基金与QFII是同时存在的,本书继续分析QFII网络中心度是否能够显著抑制基金网络中心度的不利影响。以上研究为识别、发现不同类型机构投资者网络中心度对公司资本效率的影响、不同类型机构投资者网络中心度影响公司资本效率的内在机制、公司内外部环境对机构投资者网络中心度与公司资本效率关系的调节作用,以及QFII网络中心度对基金网络中心度不利影响的缓解作用,进而为提高公司资本效率提供理论支持和政策指导。通过各章的研究分析,本书得出如下研究结论:

第一,通过研究基金网络中心度对公司资本效率的影响发现:(1)基金网络中心度对公司资本效率具有显著负面影响。其中,基金网络中心度对公司非效率融资、公司非效率投资和公司非效率资本产出具有显著正向影响。(2)较之持股期限较长的基金网络中心度,持股期限较短的基金网络中心度对公司非效率融资、公司非效率投资和公司非效率资本产出具有显著正向影响。(3)较好的公司内部治理环境和较高的市场化水平有助于缓解基金网络中心度对公司资本效率的不利影响。

第二,通过研究QFII网络中心度对公司资本效率的影响发现:(1)QFII网络中心度对公司资本效率具有显著正向影响。其中,QFII网络中心度与公司非效率融资、公司非效率投资和公司非效率资本产出均具有显著正向影响。(2)较之短期持股QFII网络中心度,长期持股QFII网络中心度能够有效抑制公司非效率融资、公司非效率投资和公司非效率资本产出。（3）较好的公司内部治理环境和较高的市场化水平能够有效促进QFII网络中心度对公司非效率融资、公司非效率投资和公司非效率资本产出的抑制作用。

第三，通过研究QFII网络中心度对基金网络中心度与公司资本效率关系的调节效应发现：（1）QFII网络中心度能够有效缓解基金网络中心度对公司资本效率的不利影响。（2）较之较低水平的QFII网络中心度，较高水平的QFII网络中心度能够有效缓解基金网络中心度对公司资本效率的不利影响。

与已有研究相比，本书的创新主要体现在以下三个方面：第一，拓展了社会网络理论的研究范畴。已有文献要么研究基金网络中心度产生的信息效应和治理效应对公司行为的影响，要么研究QFII网络中心度产生的信息效应和治理效应对公司行为的影响，但尚未有文献分类研究基金网络中心度和QFII网络中心度产生的信息效应和治理效应对公司资本效率的影响，更没有文献研究基金网络中心度与QFII网络中心度的交互项对公司资本效率的影响。本书一定程度上丰富了社会网络理论在机构投资者信息效应和治理效应层面的研究。第二，研究QFII网络中心度与基金网络中心度的交互项对公司资本效率的影响，细化、补充了机构投资者网络中心度的相关文献。已有研究大多分别研究基金网络中心度和QFII网络中心度对公司行为的影响，鲜有文献考虑基金网络中心度与QFII网络中心度的交乘项对公司行为的影响。本书研究基金网络中心度与QFII网络中心度的交乘项对公司资本效率的影响，以及网络中心度高低不同的QFII网络中心度对基金网络中心度的调节效应，一定程度上丰富了机构投资者网络中心度的相关研究文献。第三，从异质性视角深化和拓展了机构投资者理论研究。本书探讨了不同类型机构投资者网络中心度对公司资本效率的影响差异。研究结论既丰富了机构投资者理论，也为证监会分类制定机构投资者政策提供了相关证据。

C目录
ONTENTS

| 第 6 章 |

QFII 网络中心度调节下的基金网络中心度与公司资本效率 136

| 第 7 章 |

结论及建议 155

第 *1* 章

绪　论

本章在介绍研究背景及研究目标的基础上，根据研究目的引申出研究意义，通过描述研究内容、梳理研究逻辑框架结构及明确研究方法，最终厘清并阐述研究贡献。

1.1　研究背景

资本是公司经营活动和价值创造的基础，公司资本效率的提高无论是对资本市场中的投资者，还是对公司业绩本身，甚至是对整个国民经济的发展都有着至关重要的作用。资本效率是资本投入经济体系中运作和使用的有效程度，对公司而言，资本效率就是资本投入公司中运作和使用的有效程度。已有研究分别从资本形成效率、资本配置效率和资本产出效率角度出发，研究资本效率对经济发展的影响，且大多数文献关注宏观角度的资本效率问题，鲜有研究从资本投入到公司运作的整个过程，全面考察微观企业的资本效率问题。基于此，本书的资本效率包括资本形成效率、资本配置效率和资本产出效率，在追踪资本投入公司运作过程的同时，也能够对资本投入公司运作的有效程度进行全面及有效衡量。

西方成熟资本市场的发展经验表明，资本市场运行结果的好坏与投资者的结构与行为紧密相关，在英国、美国等国家的资本市场中，机构投资者作为新的市场中枢，其交易行为对资本市场稳定性产生了重要影响。因为独立于公司控股股东，较之个人投资者，机构投资者在资金筹资和信息获取方面更具优势，随着资本市场中机构投资者规模的增大，其专业能力也不断得以提升，部分机构投资者开始由"用脚投票"转向对公司的经营行为直接进行监督（Shleifer & Vishny，1997），因而机构投资者被视为解决公司治理问题的重要外部力量。我国自 2000 年实施"超常规发展机构投资者"战略以来，资本市场中的机构投资者种类、数量和规模均取得了长足发展。2005 年后，我国资本市场中的机构投资者结构已经实现了多元化，包括公募基金、证券公司、社保基金、保险公司、QFII 等的机构投资者成为我国资本市场中的重要组成部分，截至 2021 年底，不包括一般法人在内的专业机构投资者的持股市值占流通股市值的比例一直维持在 22.4% 左右①，成为资本市场运作的重要参与者。

从机构投资者的市场地位、发展历史角度及投资理念考虑，在所有的专业机构投资者中，公募基金与 QFII 最具代表性。首先，从 A 股市场的持股规模来看，公募基金和 QFII 在我国流通 A 股市场中持仓量较高。截至 2021 年第三季度末，公募基金持有 A 股的总市值为 5.72 万亿元②，QFII 的持仓 A 股数量首次突破 1000 只，持股市值合计达到 0.28 万亿

---

① A 股持股结构加速社会化和分散化，公募基金主导 A 股结构性特征，结构性行情又推动个人投资者加速入场 [EB/OL]. 财联社，2022 - 06 - 15.

② 又升了！公募基金持有 A 股 5.72 万亿，关键指标达 8.31%！十年最高 [EB/OL]. 中国基金报，2021 - 10 - 31.

元①。其次，从发展历史及投资理念来看，我国资本市场中的证券投资基金发展历史尚短，并没有建立起稳定的长期价值投资理念，而我国引进的 QFII 均具有较大的资产管理规模及良好的社会声誉，并且其一贯坚持的长期投资、价值投资理念，为国内专业机构投资者的发展发挥了较好的示范作用。通过对已有数据进行分析，本书发现基金与 QFII 在综合实力和设立条件等方面也存在差异。

1.1.1 基金与 QFII 综合实力的比较

1. 基金行业发展过快，抗风险能力尚需提高，治理机制尚需完善

虽然我国资本市场中的证券投资基金发展起步较晚，但自 1998 年以来也取得了飞速发展，这种快速发展也带来各种各样的问题。

一是与基金公司自身注册资本相比，基金公司管理资产的规模过大，有可能导致基金公司抗风险能力较弱。与基金公司自身注册资本相比，基金公司发行的基金数量与总资产规模过大，会导致基金管理人的风险承受能力不足，对投资人利益的保护非常有限。在有限责任的公司制度下，如果基金公司管理不善或违规经营使持有人经济利益受损，将很难负起相应的赔偿责任。基金公司快速增长的表现之一便是基金公司数量的快速增长，表 1 – 1、表 1 – 2 的数据充分显示出这一点。由表 1 – 1 数据可知，我国公募基金公司的数量从 2003 年的 32 家增长至 2021 年的 156 家，增长了近 4 倍，注册资本则由 2003 年的 76.12 亿元增长至 2021 年的 713.88 亿元，增长了近 9 倍。由表 1 – 2 数据可知，我国基金公司发行基金的数量从 2003 年的 110 只增长至 2021 年的 9058 只，管理的总资产规模从 2003 年的 1715.61 亿元增长至 2021 年的 253305.54 亿元，发行基金

---

① 关注！社保、QFII、公募基金的持仓大曝光［EB/OL］. 金融界，2021 – 11 – 03.

的总份额则由 2003 年的 1632.76 亿份增长至 2021 年的 218259.92 亿份，
说明我国基金行业得到了飞速发展。

表1-1　　　　2003~2021 年公募基金公司数量及公司注册资本数额

年份	基金公司数量 （家）	新增数量 （家）	注册资本 （亿元）
2003	32	11	76.12
2004	46	14	105.53
2005	54	8	118.86
2006	59	5	130.50
2007	60	1	142.50
2008	62	2	163.00
2009	62	0	163.00
2010	65	3	182.70
2011	71	6	210.84
2012	78	7	247.66
2013	92	14	340.22
2014	101	9	464.25
2015	111	10	569.61
2016	122	11	625.19
2017	131	9	651.58
2018	141	10	673.28
2019	143	2	675.98
2020	151	8	706.68
2021	156	5	713.88

资料来源：根据 Wind 数据库基金公司基本资料数据手工整理求得。

表 1 - 2   2003 ~ 2021 年基金发行数量、资产规模及份额

年份	发行基金数量（只）	总资产（亿元）	平均资产（亿元）	总份额（亿份）	平均份额（亿份）
2003	110	1715.61	15.60	1632.76	14.84
2004	161	3258.12	20.24	3308.72	20.55
2005	218	4691.16	21.52	4714.92	21.63
2006	307	8564.61	27.90	6218.82	20.26
2007	345	32755.90	94.94	22330.30	64.73
2008	438	19388.67	44.27	25740.30	58.77
2009	556	26695.44	48.01	24534.95	44.13
2010	703	24972.49	35.52	24227.41	34.46
2011	914	21680.55	23.72	26510.50	29.00
2012	1175	27974.18	23.81	31558.97	26.86
2013	1553	29297.25	18.86	31180.10	20.08
2014	1893	44522.56	23.52	42118.17	22.25
2015	2687	83478.20	31.07	76859.77	28.60
2016	3821	91069.79	23.83	88633.52	23.20
2017	4692	115507.65	24.62	110376.16	23.52
2018	5156	129258.20	25.07	128755.85	24.97
2019	6086	146775.83	24.12	137336.71	22.57
2020	7366	199621.89	27.10	172177.27	23.37
2021	9058	253305.54	27.96	218259.92	24.10

资料来源：根据 Wind 数据库基金规模数据手工整理求得。

另外，表 1 - 2 数据也反映出，2007 ~ 2021 年，发行基金的总资产规模、总份额的增速较为明显，2007 年发行基金的总资产净额增长至 32755.90 亿元，较 2006 年 8564.61 亿元的基金总资产净额，增长了近 2.90 倍；2007 年发行基金的总份额增长至 22330.30 亿份，较 2006 年 6218.82 亿份的总资产份额增长了近 2.60 倍，而发行基金管理的平均总

资产规模和平均总份额的数据显示，2007 年发行基金的平均总资产和平均总份额增长较快。在 2007 年前后的股市剧烈波动带给散户投资者巨大损失的情况下，基金利用资金和信息优势在 A 股市场取得了较优的业绩，进而带来基金发行规模的迅速扩张，基金管理的总资产规模和平均资产规模也得到迅速增长。而 2008 年，在我国 A 股市场持续走低的情况下，基金在 A 股市场整体投资出现亏损，但是该年度基金总份额不降反增，由 2007 年的 22330.30 亿份增长至 2008 年的 25740.30 亿份，说明基金投资的亏损并没有导致基金的大量赎回，而基金发行的总资产规模则由 2007 年的 32755.90 亿元下降至 2008 年的 19388.67 亿元，说明基金管理的总资产规模的下降主要因为基金的投资亏损，导致基金管理的资产规模萎缩。

而将表 1 - 1 和表 1 - 2 进行对比时，我们发现，较之基金公司管理的总资产规模，基金公司本身的资金规模较小。例如，2003 年，我国基金公司的总资产为 92.56 亿元，发行了 110 只基金，管理的总资产规模达到 1715.61 亿元，每只基金平均管理的资产为 15.60 亿元，远远超过 2003 年每家基金公司平均拥有的总资产数额 2.89 亿元。2007 年的数据差异尤其巨大，这一年我国基金公司的总资产为 838.68 亿元，发行了 345 只基金，管理的总资产规模达到 32755.90 亿元，每只基金平均管理的资产为 94.94 亿元，远远超过 2007 年每家基金公司平均拥有的总资产数额 14.46 亿元。

二是基金行业过快发展，但基金管理公司的治理机制尚需完善。我国基金公司治理机制存在的问题为基金经理的机会主义行为提供了契机。从监督机制层面来说，我国基金采取的是契约型基金的治理模式，但这种治理模式在我国施行过程中存在着一定的问题，无法保障基金投资者的相关利益。（1）我国基金管理公司中的股权结构容易导致"一股独大"的内部控制人问题。由于我国基金管理公司的股权十分集中，而且股东也会在基金管理公司中派驻一些董事、监事，股东们因此会通过股东大会、董事会对基金管理公司的决策进行干预。当基金投资者与基金管理公司股东的利益出现冲突时，公司管理层有可能会牺牲基金投资者的利益。（2）持有人大会对基金投资者利益的保护作用有限。尽管基金持有人大会是契约型基金组织模式下的最高权力机构，但其难以有效地监督基金管理公司和基金经理。一是因为基金持有人大会并非常设机构；二是因为中小基金持有人数量较多、户均持有规模较小（滕莉莉和宋光辉，2011），且不同基金所有人的利益诉求存在差异（杨宗儒，2013），一些基金持有人存在"搭便车"的行为。因此，部分基金持有人想要通过召集持有人大会实现自身利益诉求的成本较高，难以对基金管理公司和基金经理进行有效监督。（3）基金托管人没有形成对基金管理公司的有效监督。尽管基金托管人具有监督基金管理公司运营的责任，但是因为一些因素，这种监督作用会大打折扣：第一，基金托管人缺乏独立性，难以对基金管理公司进行监督。基金管理公司有权选择基金托管人，并且其撤换需要经过中国证监会和中国人民银行的批准，基金托管人这种地位的非独立性容易导致监督力度的减弱。第二，巨额、稳定的托管收益是众多基金托管人的利润来源，一定程度上降低了基金托管人监督约束基金管理公司的积极性。从激励机制角度来说，已有激励机制无益于解决基金经理的道德风险问题。第一，基金经理的薪酬与其管理资产的规模直接相关，这是基金经理（不会尽职尽责地实现基金持有人财富的增长）产生"短视"违规问题的直接诱因。基金投资者的主要目的在于获得较高的收益率，而基金管理者获取的报酬与其管理的基金规模相关。这就导致在实际经营过程中，基金管理者需要不断吸引新的认购资金（Chevalier & Ellison，1997），进而会诱使基金经理通过对股票价格进行操纵以获取较高的基金资产净值。因此，已有制度的相关合同条款无法对基金管理人进行有效约束，以保障基金投资者利益的实现。第二，基金经理的薪酬与其管理资产的规模直接相关，一定程度上会使基金经理忽视理财水平的提高。基金经理的薪酬与其管理的资产规模挂钩，使得优秀的基金经理与糟糕的基金经理之间的薪酬差距不大，有可能会导致基金经理忽视价值投资和长期投资。而在追涨杀跌的资本市场中，基金经理对长期价值投资的忽视，会使基金投资者的长远利益受到伤害，并最终损害基金行业本身的健康发展。2008 年以来，基金市场的持续走低以及基金投资者较大规模的基金赎回，充分表明了基金业规范制度的缺失对基金投资者和基金行业发展的不利影响。

而基金公司治理机制的不完善也容易导致基金不当行为的发生：（1）基金"老鼠仓"。如滕莉莉等（2012）基于委托代理理论，在基金经理与基金公司之间构建博弈模型，通过求解博弈均衡来分析基金"老鼠仓"行为的主要影响因素，并分析了治理基金"老鼠仓"行为的一些对策措施。（2）投资业绩粉饰。李梦雨和魏熙晔（2014）研究了基金的市场操作问题，基于我国 2006 ~ 2013 年股票市场交易数据，发现样本期内基金重仓股在季度末具有平均超额正收益，而在季度初具有平均超额负收益，表明我国基金存在一定程度的业绩粉饰现象。（3）持股短期化严重，倾向频繁交易。韩燕和崔鑫（2014）研究了基金经理短视行为的成因和经济后果，发现我国资本市场中的基金经理普遍存在短视现象，认为代理问题和外在压力是诱发基金经理短视行为的原因之一。资本市场中的基金投资者会根据基金经理的投资业绩选择是否赎回所持基金，为避免因为选错股票而获得较差的投资收益和被认定为投资能力差，基金经理有可能会放弃长线投资理念，而更多关注被众人所关注的股票并进行跟风交易，导致交易的频繁性和交易中的羊群行为，无益于发挥稳定资本市场的作用。

2. 我国引入的 QFII 资质较优、发展历史较长

一是与在我国投放的投资额度相比，QFII 拥有更为雄厚的资金实力。与资本市场中的基金不同的是，我国引入的 QFII 普遍具有资本雄厚、经验丰富、遵循理性投资理念的特征。

表 1-3 展示了截至 2020 年 5 月底, 我国资本授权额度排名前十的 QFII 的相关信息。可以看出, 每一家 QFII 除了具备雄厚的资本实力外, 还拥有丰富的投资及经营经验。其中, 排名第一的澳门金融管理局是中华人民共和国澳门特别行政区政府经济财政司辖下的部门, 其前身为 1989 年 7 月 1 日成立的澳门货币暨汇兑监理署, 在澳门回归后更为现名。澳门金融管理局作为专门监管金融事务的政府机构, 其主要职责是确保澳门元的自由流动和使用, 并且对货币的流通使用发挥更进一步的推动作用。按照有关的法律规定, 澳门金融管理局既负责发行本地货币, 即澳门币, 又管理官方的外汇储备, 因此具有雄厚的资金实力和发展背景。排名第二的阿布扎比投资局创办于 1976 年, 是一家全球性投资机构, 其利用阿联酋国有资产进行长期价值投资, 资金来源于阿布扎比的石油收益。排名第三的韩国银行创办于 1950 年, 是大韩民国的中央银行, 韩国银行建立之初的资本为 15 亿韩元, 都由政府出资。该行的主要意图是确保价格稳定, 与政府一起设定价格稳定目标并拟定和发布包括该目标的货币政策运作计划[1]。排名第四的法国兴业银行是法国最大的商业银行集团之一, 总行在巴黎。它成立于 1864 年 5 月, 全称为 "法国促进工商业发展总公司"。1993 年资产总额为 2578.38 亿美元, 居法国第 4 位, 在世界 1000 家大银行位次中排列第 27 位[2]。排名第五位的巴克莱银行是全球规模最大的银行及金融机构之一, 总部设于英国伦敦。巴克莱银行在全球 60 多个国家经营业务, 在英国设有 2100 多家分行[3]。排名第六位的香港金融管理局于 1993 年 4 月 1 日成立, 由外汇基金管理局与银行业监理处合并而成[4]等。

---

① 韩国货币制度与货币政策 [EB/OL]. 中国人民银行国际司, 2008-07-11.
② 资料来源: 法兴银行简介来源于爱企查官网。
③ 巴莱克据悉计划在亚洲重新启动私人银行业务 [EB/OL]. 界面新闻, 2017-11-27.
④ 资料来源: 香港金融管理局官网。

表1-3　　截至2020年5月底中国资本授权额度排名前十的QFII

序号	金融机构	地区	托管银行	授权日期	授权额度（亿美元）
1	澳门金融管理局	中国	中国银行	2018年2月27日	50.00
2	阿布扎比投资局	阿联酋	汇丰银行	2019年6月24日	35.00
3	韩国银行	韩国	汇丰银行	2017年11月29日	30.00
4	法国兴业银行	法国	汇丰银行	2019年4月29日	27.00
5	巴克莱银行	英国	渣打银行	2019年8月8日	26.52
6	挪威中央银行	挪威	花旗银行	2015年2月13日	25.00
7	香港金融管理局	中国香港	花旗银行	2014年9月22日	25.00
8	中国国际金融香港资产管理有限公司	中国香港	建设银行	2013年5月16日	23.73
9	瑞士银行	瑞士	花旗银行	2016年11月28日	21.90
10	科威特政府投资局	科威	工商银行	2019年8月8日	20.00

资料来源：根据国家外汇管理局信息整理（2019年9月，国家外汇管理局取消了QFII的投资额度限制）。

二是与基金发行数量的快速增长相比，我国资本市场中的QFII数量并未呈现井喷式的增长趋势。表1-4是2003～2021年，我国的QFII家数和授权额度的变化情况。2019年9月，我国国家外汇管理局取消了QFII的投资额度限制，因此2020年底和2021年QFII授权额度信息再无更新。由表1-4中数据可知，每家QFII的平均授权额度从2003年底的1.42亿美元增长至2019年底的3.53亿美元，较之QFII数量的增长，QFII累计授权额度的增速更快，这些数据表明我国政府对进入我国资本市场的QFII资质审核较为严格，以保证QFII对我国资本市场的积极影响。

表 1 - 4 　　　　　2003 ~ 2021 年我国 QFII 家数和授权额度情况

年份	QFII 累计额度 （亿美元）	新增额度 （亿美元）	QFII 家数	新增家数	每家 QFII 平均额度 （亿美元）
2003	17. 00	17. 00	12	12	1. 42
2004	34. 75	17. 75	26	14	1. 34
2005	56. 95	22. 20	33	7	1. 73
2006	90. 95	34. 00	51	18	1. 78
2007	100. 45	9. 50	51	0	1. 97
2008	134. 43	33. 98	74	23	1. 82
2009	166. 70	32. 27	93	19	1. 79
2010	197. 20	30. 50	106	13	1. 86
2011	211. 40	14. 20	121	15	1. 75
2012	374. 43	163. 03	192	71	1. 95
2013	497. 01	122. 58	229	37	2. 17
2014	669. 23	172. 22	261	32	2. 56
2015	810. 68	141. 45	294	33	2. 76
2016	873. 09	62. 41	305	11	2. 86
2017	971. 59	98. 50	310	5	3. 13
2018	1010. 56	38. 97	287	- 23	3. 52
2019	1057. 96	47. 40	300	13	3. 53
2020	—	—	581	281	—
2021	—	—	701	120	—

资料来源：根据国家外汇管理局网站、Wind 数据库数据手工整理。

综上可以看出，虽然我国基金公司数量在逐年增长，并且其管理的资产规模也呈现井喷式增长，但因其成立时间较短，且相对于我国资本市场中引入的 QFII，其资历和资本基础都相对薄弱。较之有着雄厚资本的 QFII，我国基金在风险承受能力及经营管理、投资经验方面均存在一定程度的欠缺，有可能导致基金的短视投资行为。

1.1.2　基金与 QFII 设立与托管相关法律法规的比较

从法律设定的准入门槛上来讲，较之 QFII 的设立条件，我国法律法规关于基金公司的设立条件和基金的发行条件较低，一定程度上也会带来基金与 QFII 实力的差异。

1. 较之 QFII 资格的申请，基金管理公司的设立门槛相对较低

首先是公司制度方面，相比基金管理公司的申请条件，对申请 QFII 资格公司本身的要求更高。根据 2015 年《中华人民共和国证券投资基金法》的相关规定，设立管理公开募集基金的基金管理公司，要求其主要股东应当具有经营金融业务或者管理金融机构的良好业绩、良好的财务状况和社会信誉，资产规模达到国务院规定的标准，最近 3 年没有违法记录；需要公司本身具有良好的公司治理结构、完善的内部稽核监控制度和风险控制制度等。而根据 2020 年中国证券监督管理委员会、中国人民银行、国家外汇管理局公布的《合格境外机构投资者和人民币合格境外机构投资者境内证券期货投资管理办法》的规定，申请 QFII 资格的公司，自身应当财务稳健，资信良好，具备证券期货投资经验；公司治理结构、内部控制和合规管理制度健全有效，按照规定指定督察员负责对申请人境内投资行为的合法合规性进行监督；公司经营行为规范，近 3 年或者自成立以来未受到监管机构的重大处罚等。

其次在证券投资的持股比例限制方面，与基金管理公司相比，QFII 整体的持股比例受限程度较高。根据 2014 年中国证监会公布的《公开募集证券投资基金运作管理办法》的规定，基金管理公司旗下的一只基金持有一家公司发行的证券，其市值不得超过基金资产净值的 10%，同一基金管理公司管理的全部基金持有一家公司发行的证券，不得超过该证券的 10%。而根据 2020 年中国证监会发布的《关于实施〈合格境外机构投资者和人民币合格境外机构投资者境内证券期货投资管理办法〉有关问题的规定》，单个 QFII 持有单个上市公司或者挂牌公司的股份，不得超过该公司股份总数的 10%；而全部 QFII 持有单个公司 A 股或者境内挂牌股份的总和，不得超过该公司股份总数的 30%。

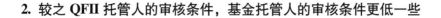

2. 较之 QFII 托管人的审核条件，基金托管人的审核条件更低一些

根据 2015 年修正的《中华人民共和国证券投资基金法》的相关规定，成为基金托管人需要具备以下条件：（1）净资产和风险控制指标符合规定。（2）设有专门的基金托管部门。（3）取得基金从业资格的专职人员达到法定人数。（4）有安全保管基金财产的条件。（5）营业场所、安全防范设施和与基金托管业务有关的设施符合要求。（6）有符合要求的营业场所、安全防范设施和与基金托管业务有关的其他设施。（7）有完善的内部稽核监控制度和风险控制制度。（8）法律、行政法规规定的和经国务院批准的国务院证券监督管理机构、国务院银行业监督管理机构规定的其他条件。

根据 2020 年中国证监会发布的《关于实施〈合格境外机构投资者和人民币合格境外机构投资者境内证券期货投资管理办法〉有关问题的规定》，首次开展资产托管业务的 QFII 托管人，应当提供如下备案文件：（1）要提供包括托管人基本情况、境内注册地址、境内持续经营时间、最近 3 年开展外汇管理业务的合规情况等报告。（2）境内托管部门展业情况、技术系统情况、托管业务专职人员配备情况等。（3）金融业务许可证副本（复印件）及营业执照副本（复印件）。（4）提供托管业务管理制度，包括管理办法、合规管理与风险管理制度、岗位职责与操作规程、员工行为规范、会计核算办法和信息系统管理制度等。

综上可以看出，尽管我国证监会大幅放宽 QFII 托管人的要求，取消了实收资本不少于 80 亿元的要求，并且简化了 QFII 托管人的准入流程，但与基金业务托管人的审批条件相比，对 QFII 托管人在持续经营、合规情况、托管业务管理制度等方面的要求仍然相对较高。

基金与 QFII 在综合实力与设立条件方面的差异可能会影响两者对公司行为的影响。而且学术界有关基金与 QFII 对公司行为的影响研究也并未形成一致观点。具体来说，无论是基金还是 QFII 对公司行为的影响，学者们均存在正反两个方面的观点。从基金对公司行为的影响来看，一种观点认为，基金信息效应会降低公司与投资者之间的信息不对称，有利于公司价值发现和长期价值投资的形成（Kochhar & David，1996；赵洪江和夏晖，2009）；另一种观点则认为，基金信息效应会加剧公司与投资者之间的信息不对称，无助于公司价值发现和长期价值投资的形成（Graves，1988；温军和冯根福，2012）。从 QFII 对公司行为的影响来看，已有 QFII 信息效应对公司行为影响的研究存在正反两种结论。一种观点认为，QFII 会发挥积极的信息效应，在促进公司信息透明度提高的基础上，进而提升公司价值。较之境内机构投资者，更具专业性的 QFII 的选股行为能够传递一种价值信号（唐跃军和宋渊洋，2010；李蕾和韩立岩，2013）。这能够吸引证券分析师和其他外部监督者的关注，从而降低公司的信息不对称。另一种观点认为，QFII 并没有产生积极的信息效应，对促进公司信息透明度的提高没有显著影响，因此不利于公司价值的提升。QFII 的交易行为会加剧资本市场中的羊群效应，进而降低信息透明度。QFII 的交易行为对资本市场中的其他投资者具有信号价值，甚至 QFII 持有的股票本身就是一个值得炒作的话题，容易成为其他投资者交易跟随的目标，因而 QFII 的引入不仅不会减弱，甚至有可能会加剧资本市场中的羊群效应，使私有信息融入股价的程度下降，不利于公司信息透明度的提高。

现有国内外研究大多从同质、独立角度研究机构投资者对公司行为的影响，既忽略了机构投资者之间存在的联系，也忽略了不同类型机构投资者之间的联系对公司行为影响的差异。具体来说，机构投资者之间相互连接、相互影响，第一，基金之间会因为某些原因（如基金经理的身份、持有相同公司股票等）而形成网络中心度，并通过该网络中心度影响资本市场的信息传递。申宇等（2015）研究发现，校友的网络中心度能够传递更多的私有信息，并对基金业绩具有正向促进作用。第二，由于网络中各基金所拥有的信息优劣势不同，基金网络中心度带来信息传递的效果也不同。当某基金持股的公司数量较多时，该基金就与其他基金建立了更为广泛的连接，其网络中心度也就更高。出于不同目的的考量，网络中心度较高的基金会决定信息的传递效率和效果，而其他基金的买卖行为会受此影响，并进而影响资本市场的信息传递。郭晓冬等（2018）研究发现，当机构投资者的网络中心度较强时，会利用其网络关系传递噪声，以达到掩盖坏消息的目的。综上分析发现，资本市场中的网络关系是普遍存在的，因此结合网络关系的相关理论，从网络中心度视角探寻基金信息效应对企业生产经营活动的影响不仅必要，而且可行。

公司资本效率的高低会极大影响公司的价值创造行为，机构投资者网络中心度产生的信息效应会影响公司的经营行为。作为机构投资者代表的基金和 QFII 对公司行为的影响存在差异，那么基金网络中心度和 QFII 网络中心度对公司资本效率有着怎样的影响？两者的影响会有差异吗？其中的内在机理及影响因素是什么等则成为本书的研究重点。

1.2 研究意义

1.2.1 理论意义

如前所述，现有文献主要研究机构投资者持股比例对公司经营行为的影响，但忽略了机构投资者网络中心度产生的信息效应和治理效应对公司行为的影响，包括对公司资本效率的影响。现有研究大多从宏观角度，研究资本效率对经济发展的影响，而从微观角度研究机构投资者网络中心度对公司资本效率影响的研究鲜有所见。本书在借鉴已有研究成果的基础上，研究机构投资者网络中心度对公司资本效率的影响，既是研究公司资本效率的一个新视角，也是对机构投资者研究领域的拓展。

在我国机构投资者对公司影响日益增强的背景之下，本书以机构投资者网络关系的新视角，研究基金网络中心度和 QFII 网络中心度对公司资本效率的影响具有以下几点重要意义。

（1）有助于丰富和完善社会网络相关理论研究。本书基于社会网络相关理论，研究共同持股同一上市公司形成的基金网络中心度和 QFII 网络中心度对公司资本效率的影响，并进行相应的机理分析。这将进一步深化社会网络理论在机构投资者研究领域的理论认识，有助于丰富社会网络的理论内涵。

（2）有助于深化机构投资者信息效应和治理效应机制研究。本书基于机构投资者网络中心度视角对机构投资者影响公司资本效率的信息效应和治理效应进行研究，构建了机构投资者网络中心度影响公司资本效率的分析框架，为后续实证研究提供了更为可靠的理论依据，同时能够帮助资本市场监管机构和上市公司识别出有助于提升公司资本效率的机构投资者网络和降低公司资本效率的机构投资者网络。鼓励提升公司资本效率的机构投资者网络中心度的形成，而抑制降低公司资本效率的机构投资者网络中心度的形成，以实现公司资本效率的提升。

（3）有助于拓展和充实行为金融学理论。经典金融学理论认为投资者是理性的，但事实上理性经济人假设很难解释金融市场中存在着的一些"异象"。本书引入行为金融学理论，在认定机构投资者有限理性的基础上，从机构投资者信息传递出发，挖掘机构投资者之间信息的传递途径和传播方式，揭示其影响公司资本效率的内在机理，将机构投资者网络中心度纳入公司资本效率因素的多元回归模型中，并作为机构投资者信息传递的代理变量，全面评估对公司资本效率的影响。这不仅有利于公司资本效率的评估，而且能够丰富和拓展行为金融学的相关理论。

（4）有助于充实和发展机构投资者领域的研究。我国关于机构投资者对公司行为的研究大都以机构投资者持股比例为基础进行研究，实证检验得出的结论过于简单，缺乏机构投资者影响公司行为的内在机理探讨。事实上，大量学术文献和实践经验表明，机构投资者网络中心度在资本市场中是普遍存在的，机构投资者网络中心度产生的信息效应和治理效应对公司行为产生了极大影响。本书侧重于研究机构投资者网络中心度对公司资本效率的影响，以此来揭示机构投资者影响公司经营活动的作用机制及如何对公司资本效率产生影响，有助于充实机构投资者的相关理论研究。

1.2.2　现实意义

在我国机构投资者对公司影响日益增强、机构投资者网络普遍存在的背景之下，本书分别研究基金网络中心度和 QFII 网络中心度对公司资本效率的影响，无论是对监管机构的有效监管、公司信息透明度的提高、自身内部治理机制的完善，还是对政府治理环境的改善均有重要的现实意义。

（1）为监管机构进行更有效的监管提供现实参考。机构投资者的交易行为既有理性的一面，也有非理性的一面。首先，本书基于社会网络理论，深入研究基金网络中心度与 QFII 网络中心度对公司资本效率的影响，以探究不同类型机构投资者网络联结程度高低对公司产生影响的大小。其次，本书还研究基金与 QFII 并存的公司中，QFII 网络中心度对基金网络中心度的调节效应，以求证 QFII 网络中心度是否能够有效改善基金网络中心度对公司资本效率的不利影响。最后，本书实证检验了持股期限不同的基金网络中心度和 QFII 网络中心度对公司资本效率的影响，以发现持股期限是否会影响两类机构投资者网络中心度对公司资本效率的作用。以上研究对监管机构识别、发现对资本市场和公司有积极影响的机构投资者具有重要的现实指导意义。

（2）为进一步完善公司内部治理机制提供实践证据。本书通过检验公司内部治理机制对基金网络中心度与公司资本效率关系的调节效应，以及公司内部治理机制对 QFII 网络中心度与公司资本效率关系的调节效应，以发现公司治理水平高低对两类机构投资者网络中心度与公司资本效率的影响，这为公司改善信息披露质量、完善公司内部治理机制提供了经验借鉴。

（3）为政府治理环境的改善提供经验启示。本书通过检验外部治理水平高低对基金网络中心度与公司资本效率关系的影响，以及外部治理水平高低对 QFII 网络中心度与公司资本效率关系的影响，以探究外部治理环境是否会影响机构投资者网络中心度对公司资本效率的作用。本书能够为政府积极推动市场化进程，适当减少政府干预，完善法律体系，加强对机构投资者利益的保护程度，释放机构投资者的治理活力提供经验启示。

1.3 研究思路、内容和方法

1.3.1 研究思路

本书在相继阐明研究背景和研究意义的基础上，以"提出问题→分析问题→解决问题"的逻辑顺序，将理论研究与实证研究相结合、定性研究与定量研究相结合。

本研究立足于公司资本效率对经济增长和产业发展有着重要意义，以及机构投资者网络中心度普遍存在的现实，在文献研究和追溯的基础上，研究发现机构投资者网络中心度对公司资本效率的影响存在差异，为本书选择"机构投资者网络中心度与公司资本效率"这一研究选题奠定了基础。由于基金与 QFII 投资行为和投资理念存在差异，那么其网络中心度产生的信息效应和治理效应对公司资本效率的影响也不同。本书试图去探究基金网络中心度与 QFII 网络中心度对公司资本效率产生的不同影响，以及 QFII 网络中心度是否会调节基金网络中心度带来的不利影响。进一步探究公司内外部治理水平对基金网络中心度和 QFII 网络中心度影响公司资本效率过程中发挥的调节效应。考虑到在某些上市公司中，基金与 QFII 是同时存在的，本书继续分析 QFII 网络中心度是否能够显著抑制基金网络中心度的不利影响。以上研究有助于识别和发现不同类型机构投资者网络中心度对公司资本效率的影响、不同类型机构投资者网络中心度影响公司资本效率的内在机制、公司内外部环境对机构投资者网络中心度与公司资本效率关系的调节作用。同时还有助于对 QFII 网络中心度对基金网络中心度不利影响的缓解作用进行实证检验。以上研究为提高公司资本效率提供了理论支持和政策指导。研究遵循"现实问题发现—追溯理论来源—理论研究—分析问题—比较借鉴—改进策略提出"这一研究思路，本书的研究框架如图 1 - 1 所示。

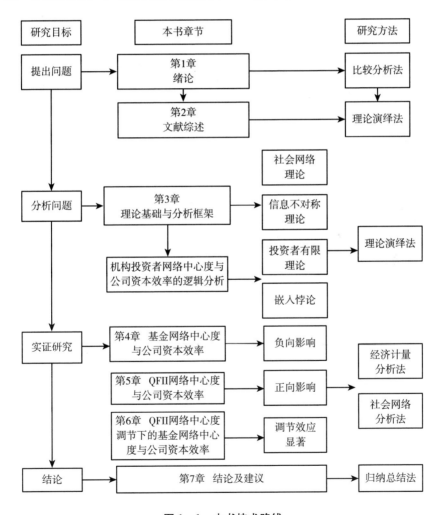

图 1 - 1　本书技术路线

1. 3. 2　研究内容

从研究逻辑来看，本书的研究内容主要包括如下几个方面。

第一，基金网络中心度与公司资本效率的关系研究。我国资本市场具有"新兴＋转轨"的特征，因此持股上市公司的机构投资者对公司行为产生影响已成为不可避免的话题。尤其是基金网络联结在资本市场普遍存在的情况下，其产生的信息效应对公司行为产生更为重要的影响。基于此，在现有研究基础上，首先，从理论角度分析基金网络中心度对公司非效率筹资、公司非效率投资和公司非效率资本产出的影响作用；其次，从实证的角度进行验证，试图解释基金网络中心度对公司资本效率的影响。

第二，QFII网络中心度对公司资本效率的影响。首先，从理论角度分析QFII网络中心度与公司资本效率之间的关系；其次，通过我国上市公司的具体数据，实证检验QFII网络中心度与公司资本效率的关系，以拓展现有关于机构投资者的研究角度。

第三，QFII网络中心度与基金网络中心度的交互作用对公司资本效率的影响。提出QFII网络中心度与基金网络中心度的交互作用对公司资本效率影响的理论模型，以及相关研究假设，以拓展现有关于QFII网络中心度与公司资本效率的研究思路，形成一种新的机构投资者网络中心度影响公司资本效率的作用模型，并通过具体数据对模型进行实证检验。

本书共分为7章，具体安排如下所示：

第1章为绪论。对理论背景和实践背景进行论述，从理论和实践两个方面分析研究意义，并且指出研究目的和研究内容，明确研究思路和研究方法，提出技术路线和研究框架。

第2章为文献综述。对本书涉及的相关文献资料，例如，在机构投资者网络中心度的相关文献资料方面，整理和综述了机构投资者网络中心度的内涵、机构投资者网络中心度的测度和机构投资者网络中心度的经济后果等方面的文献资料；在不同类型机构投资者及其对公司行为影响的相关文献方面，分别整理和综述了基金与 QFII 对公司行为影响的相关文献；在公司资本效率的相关文献方面，整理和综述了资本效率概念界定、计量和机构投资者网络中心度对公司资本效率影响的相关文献，为后续概念模型的构建和理论分析做好铺垫。通过文献述评，发现现有研究存在的不足和缺口，找到本书研究的切入点。

第 3 章为理论基础与分析框架。在针对社会网络理论、信息不对称理论、投资者有限理性理论和嵌入悖论进行综述的基础上，进行相应的理论分析，为后续章节的实证研究提供分析框架。

第 4~6 章为本书的实证分析部分。其中第 4 章运用网络中心度计量模型，在计算出基金网络中心度指标的基础上，通过验证基金网络中心度对公司资本效率的影响，首先证明基金网络中心度产生的信息效应是否有利于公司资本效率的提高；其次从持股期限角度，验证持股期限不同的基金网络中心度对公司资本效率的影响；最后对基金网络中心度影响公司资本效率的路径和缓解机制进行了验证。第 5 章在计算出 QFII 网络中心度指标的基础上，通过验证 QFII 网络中心度对公司资本效率的影响，证明 QFII 网络中心度产生的信息效应是否有利于提升公司的资本效率，验证持股期限不同的 QFII 网络中心度对公司资本效率影响的差异，并对 QFII 网络中心度影响公司资本效率的路径及促进机制进行进一步检验。在此基础上，本书第 6 章验证了 QFII 网络中心度是否会调节基金网络中心度对公司资本效率的不利影响，并对网络中心度高低不同的 QFII 网络中心度对公司资本效率的影响差异进行进一步检验。

第 7 章是结论与建议。基于前文的理论分析与实证检验，本章归纳了全书的研究结论，为我国资本市场的监管机构、上市公司和地方政府在制定有关机构投资者的政策、完善公司治理机制和推动地区市场化水

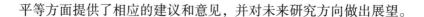

平等方面提供了相应的建议和意见，并对未来研究方向做出展望。

1.3.3　研究方法

本书采用规范研究与实证研究相结合、定性研究与定量研究相结合、理论联系实际的方法，研究机构投资者网络中心度对公司资本效率的影响。由于问题的复杂性，本书进行了跨学科研究，综合了财务管理、社会学、经济学、公司治理、金融学等学科的理论，如社会网络理论、信息不对称理论、投资者有限理性理论等。本书的研究方法主要包括理论演绎法、社会网络分析法、比较分析法、经济计量分析法和归纳总结法等。通过多种方法相结合的研究，可以对相关问题的理解更加深入，结论亦更有效和稳定。

1. 理论演绎法

理论演绎法是指用已知理论对特殊事项进行考察，推理出有关事物对象的结论，是一种从一般到个别的推理方法。本书采用广泛搜索和重点筛选相结合的方法，对网络中心度、机构投资者类型、资本效率等领域的国内外相关文献进行了大量的收集整理和分析工作。通过回顾网络中心度、机构投资者类型和资本效率研究的渊源，把握机构投资者研究的现状和存在的分歧，发现分歧存在的原因在于忽视了机构投资者网络的存在性，结合本书研究涉及的相关理论，认识研究不同类型机构投资者网络中心度影响公司资本效率的内在机理。

2. 社会网络分析法

社会网络分析法专注于对社会中的关系进行量化分析，着眼点是网络中的关系，主要研究节点之间的连接程度与依赖关系等。本书采用社会网络分析方法，构建基金网络模型和QFII网络模型。在研究体系中引入社会网络分析的关键指标——中心度，利用社会网络分析软件——Uci-net 模型对基金网络中心度和 QFII 网络中心度进行衡量，作为基金网络关系和 QFII 网络关系的量化指标。

3. 比较分析法

比较分析法是对两个或两个以上的事物进行异同、优劣等方面判断的重要定性方法。本书横向对比了基金和 QFII 的资产规模、审批条件等数据，纵向对比分析了基金自身发展和 QFII 自身发展数据。通过横向比较和纵向比较的运用，可以探寻基金和 QFII 的演进规律，加深对不同类型机构投资者差异的认识。

4. 经济计量分析法

经济计量分析法是通过经济计量模型的建立来表示经济理论，反映经济变量之间的函数关系。本书在机构投资者网络中心度的研究中进行理论演绎的同时，以实证方法来验证理论推导。在理论分析的基础上提出相关假设并建立相应的计量模型，运用相关性分析、多元回归分析等方法，定量分析了机构投资者网络中心度通过信息效应和治理效应对公司资本效率产生影响，从而为本书的理论研究提供经验支持。

5. 归纳总结法

归纳总结法是一种由个例到一般、由特殊到普遍的论证方法，旨在通过归纳总结多个个别事例或现象的共同特性，从而得出一般性和普遍性的结论。本书采用归纳总结法，在实证检验分析的基础上，总结出不同类型机构投资者网络中心度对公司资本效率影响的内在机理，以及影响基金网络中心度和 QFII 网络中心度与公司资本效率关系的外在因素，得出令人更为信服的研究结论。

1.4 主要研究贡献

本书以社会网络理论、信息不对称理论、投资者有限理性理论和嵌入悖论为基础，对不同类型机构投资者网络中心度对公司资本效率的影响结果进行了研究，并试图发现其中的内在机理。本书的主要研究贡献有：

（1）丰富了社会网络理论在机构投资者信息效应和治理效应层面的研究。已有文献要么研究基金网络中心度产生的信息效应和治理效应对公司行为的影响，要么研究 QFII 网络中心度产生的信息效应和治理效应对公司行为的影响，但尚未有文献研究分析基金网络中心度和 QFII 网络中心度的信息效应和治理效应对公司资本效率的影响，更没有文献研究基金网络中心度与 QFII 网络中心度的交乘项对公司资本效率的影响。因此，本书丰富了社会网络理论在机构投资者信息效应和治理效应层面的研究。

（2）研究 QFII 网络中心度与基金网络中心度的交乘项对公司资本效率的影响，细化补充了机构投资者网络中心度的相关文献。已有研究大多分别研究基金网络中心度和 QFII 网络中心度对公司行为的影响，鲜有文献考虑基金网络中心度和 QFII 网络中心度的交乘项对公司行为的影响。本书研究基金网络中心度与 QFII 网络中心度的交乘项对公司资本效率的影响，以及网络中心度高低不同的 QFII 网络中心度对基金网络中心度的调节效应，一定程度上丰富了机构投资者网络中心度的相关研究文献。

（3）从异质性视角深化和拓展了机构投资者理论研究。本书探讨了不同类型机构投资者网络中心度对公司资本效率的影响差异。研究结论既丰富了机构投资者对公司发挥作用的机制研究，也为证监会分类制定机构投资者政策提供了相关证据。

第**2**章

文献综述

本章从机构投资者网络中心度、机构投资者类型和资本效率三个角度对相关文献进行了梳理。首先,从机构投资者网络中心度的内涵、网络中心度的测度和机构投资者网络中心度的经济后果等方面梳理国内外文献,为形成机构投资者网络中心度的概念和测度提供借鉴。其次,从关于机构投资者类型的相关文献入手,对机构投资者的内涵、机构投资者类型的划分和机构投资者类型对于公司行为影响三个方面进行文献回顾,为本书后续不同类型机构投资者的定义提供依据。最后,从资本效率的内涵、资本效率的测度、机构投资者异质性和关系网络对资本效率的影响等方面汇总整理了相关文献,为本书后续资本效率的内涵界定及测度提供依据。大量文献证明了不同类型的机构投资者及机构投资者网络中心度对公司行为有着重要影响,这为本书的后续研究奠定了坚实的文献支撑。

2.1 网络中心度的相关文献

本章通过对网络中心度的概念、网络中心度的测算和机构投资者网络中心度产生的经济后果三个方面的国内外文献进行整理和评述，为后续实证研究提供方法和方向。

2.1.1　网络中心度概念的相关文献

网络中心度又称网络位置，是网络中每个成员与其他成员之间所产生的直接和间接联系的数量。网络中心度能够体现出网络中个体对信息的摄入程度，具有可及性、时效性等特点（杨桂菊，2007）。网络位置将决定个体所拥有资源的数量和品质，加拉斯基维奇和查希尔（Galaskiewicz & Zaheer，1999）从网络角色定义角度，网络个体可以按照其在网络中占据的位置划分为网络中心度、网络媒介者和网络边陲者三种。其中，网络中心者与其他个体之间的联系较多，地位重要且影响较大，是各种资源获取的中心。网络媒介者是网络中信息传递的中介和枢纽。同一网络中两个非相邻的个体与该网络媒介者均相邻，并且因为占据中介位置，网络媒介者能够获取大量资讯，当不相邻的两个个体进行沟通时，网络媒介者为其交流提供了桥梁和中介。网络媒介度高的成员占据了控制信息资源流通的关键性位置（Burt，1992）。网络边陲者则是网络层级中的底层组织，本身拥有的资源较为贫乏，网络地位和权力也较为低下，这类企业为谋求生存和发展，往往会积极与网络中的其他成员建立联系，特别是网络中心者和网络媒介者，网络边陲者通过这种对外关系，寻求网络支撑和稀缺资源的支援。个体位置决定了其嵌入网络关系的广度和深度。学者们从两个维度对个体的位置进行划分：网络程度中心度和网络中介中心度。网络程度中心度衡量的是个体嵌入网络关系的广度，而网络中介中心度则代表了个体嵌入网络关系的深度。

投资者网络是金融市场上投资者之间进行信息传递的重要渠道，投资者不但能通过网络传递信息，而且还能观察到网络中其他个体的投资行为并与之进行交流，通过理性推断或心理偏好做出自己的投资决策

（肖欣荣等，2012）。网络中心度能很好地衡量个体在社会网络中的位置，能捕获个体获取信息、控制网络中的其他个体、影响其经济决策的能力（El-Khatib et al.，2015）。个体的网络中心度越强，越能有效地通过网络向其他个体传递信息、提取信息（Bajo et al.，2016）。对于机构投资者来说，网络中心度越强，通过网络向其他机构挖掘信息的能力越强。然而，社会网络中的位置是不均等的，社会关系中存在着等级次序，拥有较高等级次序的个体掌握更多的信息和资源，因而他们在执行决策时拥有更多的权力。个体的网络中心性越强，对网络中心性较弱的个体的控制越强、影响越大（El-Khatib et al.，2015）。具体到机构投资者，网络中心度较高的机构投资者在网络中发挥着"双刃剑"的效应（綦好东等，2019）。一方面，处于网络中心位置的个体，有可能向其他个体传递噪声信息以影响他们的决策（郭晓冬等，2018）；另一方面，处于网络中心位置的个体，也有可能会更加有效地连接网络中的其他个体并传递信息（Bajo et al.，2016）。

2.1.2 网络中心度测算的相关文献

网络中心度指标是在图论学基础上发展起来的衡量网络成员重要性的方法，用于测算网络中节点（个体或者组织）位置的重要性。网络中心度可以被理解为参与的个体或组织通过在社会网络中的位置获取资源、信息和影响其自身决策的能力。网络中心度较高的个体通常能捕获更多信息、控制网络中的其他个体、影响其他个体的决策能力。个体的网络中心度越高，越能通过网络向其他个体传递、提取信息。

已有不少学者对中心度算法的分类进行了研究。张（Zhang，2009）将中心度算法划分为 5 类，包括基于连接、基于最短路径、基于流、基于随机行走和基于反馈的中心度算法。

1. 基于连接的中心度算法

程度中心度。该指标衡量的是个体或组织在网络中的联结总数。个体或组织能够联系到的其他个体数量越多,该个体可获得的信息和资源就越多,其产生的影响力也就越大。程度中心度的计算公式为:$\sum_{j=1}^{g} x_{ij}$。其中,g 为网络内所有个体或者组织的总和。

2. 基于最短路径的中心度算法

基于最短路径的中心度算法包括接近中心度和中介中心度。

接近中心度衡量的是网络关系中某一节点与其他节点之间的接近程度,接近中心度越大,网络中的个体与其他个体或组织的联系越紧密,信息交流和资源交换的速度也就越快,获得信息和资源的可能性也就越大。其计算方法为:$\left(\sum_{j=1}^{k} d(i,j) \right)^{-1}$。接近中心度衡量关系网络中与某个体有直接和间接关系的所有节点数的倒数。

中介中心度是网络关系中某个体控制其他个体或组织联结路径的程度。该指标值越大,该点发挥的媒介作用越大,对控制或者曲解信息的传递产生影响的范围也越广。其计算公式为:$\left(\sum_{j<k} \dfrac{g_{jk(i)}}{g_{jk}} \right)$。其中,$g_{jk}$ 表示两两个体联系的最短路径数量;$g_{jk(i)}$ 表示通过 i 的两两个体相连的路径总数;$\dfrac{g_{jk(i)}}{g_{jk}}$ 表示 i 个体控制 j 和 k 交往的能力。

网络中心度的三个指标从不同方面衡量了网络中个体位置的差异带来的影响力的不同。程度中心度与中介中心度衡量了网络中个体产生影响的范围大小。程度中心度表明了个体的直接联结数量越多,信息获取和传递影响的范围越广;中介中心度则表明网络中的个体处于中间位置的数量越多,控制或曲解信息产生影响的范围越大。接近中心度则衡量了网络中个体之间联系的紧密程度，能够更加全面地衡量机构投资者网络内信息传递的广度与深度。因此，本书选择网络中心度作为机构投资者网络的测度指标。

3. 基于流的中心度算法

基于流的中心度算法引入电网电流流动理论，将网络关系看作是包含电压、电流的电网，基于在网络中电流的流动进行建模，主要包括基于流的中介中心度、基于流的接近中心度及信息中心度。这类中心度算法主要被应用于社会网络，用于探测社团结构，萨尔瓦蒂和斯里尼瓦桑（Salvetti & Snnivasan，2005）提出通过计算图中相关的局部流中介中心度，利用边的权重建模进行社团的抽取及聚类。

4. 基于随机行走的中心度算法

基于随机行走的中心度算法，包括随机行走中介中心度、随机行走接近中心度和马尔可夫中心度算法。这类算法主要基于随机行走原理，计算在起始节点和目标节点间对中间节点的随机访问次数。基于随机行走的中介中心度算法用于解决最短路径的局限性问题。李等（Lee et al.，2009）提出基于偏好随机行走的中心度算法，并将其应用于复杂网络，在度相当大的条件下该算法能够对多种中心度算法进行统一。

5. 基于反馈的中心度算法

基于反馈的中心度算法，包括 Katzesstatus、Hubbell、Eigenvector 及著名的 PageRank、HITS 等算法。

研究广泛集中在 PageRank 等网络排序算法上。由于其缺乏对网页主题内容等其他因素的考虑，不少学者对该算法进行了改进和扩展。算法改进注重综合多方面的影响因素，包括网页链接、网页内容、用户点击及浏览行为等。目前，较突出的研究如主题敏感的 PageRank、个性化加权 PageRank 算法等能够对已知查询识别出更多相关度更高的网页。

因为本书重点研究的是基于共同持股同一上市公司形成的基金网络中心度和 QFII 网络中心度对公司资本效率的影响，基金之间或者 QFII 之间的直接连接数量越多，基金程度中心度和 QFII 程度中心度越大，而基金之间或 QFII 之间的直接或间接连接的路径越短，则其中介中心度和接近中心度越大。从这一层面上来讲，本书选择基于连接和最短路径计算的网络中心度作为本书的解释变量。

2.1.3　机构投资者网络中心度的经济后果

机构投资者网络中心度研究兴起的时间并不是很长，在既有研究中，国内外学者分别从中观、微观视角研究了机构投资者网络中心度带来的经济后果。中观领域的相关研究主要集中于机构投资者网络中心度对机构投资者行为、资本市场稳定性方面，并且存在正反两个方面不同的观点。微观领域的研究则从治理角度关注机构投资者网络中心度对上市公司投融资、高管薪酬等方面的影响。

1. 机构投资者网络中心度对投资者行为的影响

既有研究表明网络中心度会对投资者的投资行为和股票收益产生影响。例如，洪等（Hong et al.，2005）通过研究，发现位于同城范围内的基金经理更有可能做出相似的交易行为。即如果同一城市的其他基金经理买入（出售）某只股票，某基金经理更有可能购买（出售）某只股票。科恩等（Cohen et al.，2010）的研究表明，基金经理将投资组合中的大部分资产配置在与董事会有校友关系的股票上，并且相对于没有校友关系的股票，他们在这些股票上的收益要好很多。科拉和米勒（Colla & Mele，2010）的研究表明，在一个有信息关联的市场中，每一个交易者的交易量和收益都会受到同行的影响，网络中有着紧密关联的投资者往往做出同向的投资行为，而距离较远的投资者往往做出相反的投资行为。肖欣荣等（2012）利用 2005～2010 年中国上市公司的公募基金季报数据，构建了基于重仓股链接的基金网络模型，检验基金网络对基金持股行为的影响，研究发现熊市和震荡市中，基金网络中的信息传递带来了基金持股行为的变化。普尔等（Pool et al.，2012，2015）的进一步研究发现，处于同城范围内的基金经理在投资行为上具有相似性。刘京军和苏楚林（2016）的研究表明，基金网络结构导致基金之间资金流向行为的相似性，并显著影响了基金业绩。以上研究得出的结果都是一致的：即网络中心度或带来了投资者投资行为的一致性。

2. 机构投资者网络中心度对股票价格的影响

在机构投资者关系网络被证实存在的基础上，学界开始关注机构投资者关系网络对股票价格产生的影响。奥兹索伊列夫（Ozsoylev，2005）提出了一种理性预期模型，模型中指出网络中的个体通过外部社会网络相互学习，并且预计集中的社会网络会导致股票市场的过度波动。奥兹索伊列夫和沃尔登（Ozsoylev & Walden，2011）研究大信息网络经济体中的资产定价问题。发现中度网络联结的市场股价波动性较高，而较低网络连接的市场股价波动性较低。奥兹索伊列夫等（Ozsoylev et al.，2014）认为网络中投资者的交易行为会使信息的扩散逐渐反映到股价中，从而对股价产生影响。以上研究形成的共识有两点：第一，机构投资者网络中心度能够带来信息的传递；第二，不同网络中心度水平的机构投资者之间信息的交流与投资者互动会对股票价格产生影响。

3. 机构投资者网络中心度对资本市场稳定性的影响

目前，国内外关于机构投资者网络中心度对资本市场的影响并未形成一致结论。有学者认为机构投资者网络中心度带来的信息传递加大了资本市场的风险。例如，帕里克（Pareek，2012）实证分析了网络集中度对总体股票波动性的影响，发现网络集中度较高时，集中的信息交流会带来股票市场层面更高的波动性。陈新春等（2017）在构建基于共同持股重仓股票基金信息网络模型的基础上，实证分析了机构投资者的信息传递是否会影响股票的总体风险，结果表明，基金网络内的信息传递增加了资本市场大涨大跌的风险，而对市场大跌风险的影响更大。郭晓冬等（2018）通过研究发现，为获取私利，处于网络中心位置的机构投资者有可能会隐瞒坏消息，从而加大资本市场中的股价崩盘风险。还有一部分学者认为机构投资者网络中心度带来的信息共享能够降低股价同步性，进而稳定资本市场。李心丹等（2002）认为，因为机构投资者有着较强的专业分析能力和广泛的信息搜寻来源，属于资本市场中的理性投资者。在面对同质信息时，会运用其丰富的投资经验进行较为理性的信息处理方式，引发机构投资者之间的同群效应（伪羊群效应），从而抑制噪声交易导致的资本市场层面的风险。郭白滢和李瑾（2018）认为，机构投资者之间存在着信息合作行为，并以社会网络视角研究机构投资者信息传递对股价同步性的影响，研究发现机构投资者关系网络带来的信息共享提高了股价中的信息含量，进而降低了股价同步性。

通过对国内外文献的梳理与分析，我们发现机构投资者关系网络内的信息传递能够带来机构投资者交易行为的一致性。但同时，网络内不同位置的机构投资者能够影响网络内的信息传递效果，并对信息透明度产生不同的影响，进而影响资本市场的稳定性。基于此，机构投资者关系网络是否带来资本市场的稳定性未能得出一致的结论，为后续研究提供了空间，并需要做进一步的分析验证。

4. 机构投资者网络中心度对公司治理的影响

国内外有关机构投资者网络中心度影响公司治理的研究存在两种不

同的结论。有学者认为机构投资者网络中心度会增强他们的治理能力。李维安等（2017）以 2009~2015 年中国 A 股上市公司的持股基金为样本数据，研究基金网络中心度带来的信息效应对非效率投资的影响。研究发现，较高网络中心度的基金拥有的信息优势有助于提升公司的长期价值。刘井建等（2018）通过实证研究表明，网络中心度高的机构投资者能够带来显著的治理优势，以较高的监督动机、积极的监督治理来抑制货币薪酬激励过快增长，进而提高薪酬和业绩的敏感性。

另一些学者认为机构投资者网络中心度弱化了对上市公司的治理作用。郭晓冬等（2018）的研究表明，处于网络位置优势的机构投资者为获取超额收益，会放松对管理层隐瞒坏消息行为的监督，阻碍被管理层隐瞒的坏消息在资本市场中的及时释放，加剧未来坏消息的集中释放程度，增加上市公司股价崩盘的风险。王典和薛宏刚（2018）以 2005~2017 年 A 股上市公司机构投资者为样本，研究机构投资者网络对公司特质风险的影响，认为具有网络位置优势的机构投资者无论在知情交易推动还是噪声交易抑制方面发挥的作用都更大，因此网络中心度高的机构投资者对公司特质风险的影响程度更为深远。以上研究存在着两个方面的差异：首先，学术界对于中国资本市场中的机构投资者是否积极参与公司治理尚未达成一致结论。为未来研究提供了方向，需要进一步验证中国资本市场中机构投资者的作用。其次，现有研究以机构投资者整体或以公募基金整体网络作为研究对象进行研究，并未考虑不同持股动机的机构投资者群体关系网络发挥的作用，也没有考虑除公募基金以外其他机构投资者网络中心度的影响。但是，我们应该注意到的是，资本市场中机构投资者有着多样化的种类，包括基金、QFII 等。由于各类机构投资者的来源地、引入时间、投资方式和投资目的存在差异，可能会在大的资本市场网络下，形成不同类型机构投资者的小网络，例如，基金网络、QFII 网络等。因此，这些不同类型机构投资者网络对公司治理产生的影响为后续研究提供了空间。

2.2 机构投资者的相关文献

为厘清机构投资者异质性的研究进程，本书通过对机构投资者概念、基于不同特征的机构投资者类型划分、不同类型的机构投资者对公司行为的影响三个方面的国内外文献进行整理和评述，为后续实证研究提供方法和方向。

2.2.1 机构投资者概念的相关文献

从 20 世纪 80 年代开始，投资者法人化、机构化成为国际资本市场的一个发展趋势，这是金融信托业发展的必然结果，随之而来的，是各国对机构投资者作用关注的增加。尽管机构投资者在各国取得了长足发展，但是机构投资者这一术语仍旧缺乏一个统一而有效的定义让大家普遍接受。关于机构投资者的概念，比较权威的说法主要有两种。

第一种是布兰卡托（Brancato，1991）的定义：机构投资者是由职业化人员或机构管理资金，并将该资金广泛投资于不同领域而存在的投资者。机构投资者主要管理的资金种类有私人养老金、封闭性投资信托基金、退休金、共同基金、慈善研究或捐赠基金、银行管理的非养老基金。第二种是《新帕尔格雷夫货币与金融词典》对机构投资者的定义：机构投资者是管理长期储蓄的专业化金融机构。这些机构资金的运营和运作均由专业人员完成，对养老基金、人寿保险基金和投资基金等进行管理，并且要负责保证给基金投资人可观的回报。

国内学者对机构投资者的定义也有几类。刘长青（1993）编著的《证券投资词典》指出，机构投资者进行的是证券投资，并列示了几类典型的机构投资者。《证券投资词典》从广义的角度界定了机构投资者的概念：机构投资者是对应于个人投资者的专业机构，通过汇集众多客户的资金，投资于包括股票在内的资产进行获利。严杰（1993）编著的《证券词典》将机构投资者界定为将自有资金或信托资金进行证券投资活动的团体，该团体包括投资公司、储蓄银行、投资信托公司、保险公司、各种基金组织和慈善机构等。

综上可以看出，机构投资者的概念有广义与狭义之分。广义上来讲，机构投资者拥有某种程度的市场势力，使用自有资金或从分散的公众手中筹集的资金，专门从事有价证券的投资活动的金融机构和非金融机构。通常包括证券投资基金、合格境外投资者、社保基金、综合类券商、信托公司、保险公司、企业年金和一般法人等（杨海燕等，2012）。狭义的机构投资者通常是指西方学者从机构投资者所包含的具体类型出发界定的，包括银行和储蓄机构、保险公司、共同基金、养老基金、投资公司、私人信托机构和捐赠的慈善基金组织（Bushee，2001；Almazan，2005；chen et al.，2007；李青原等，2013；谭劲松和林雨晨，2016）。基于概念使用的普遍程度及研究目的，本书采用机构投资者的狭义概念，即资本市场上拥有大量资金，从事有价证券投资业务的金融法人机构。

经济合作与发展组织（OECD，2010)[①] 将机构投资者分为三类：第一类是传统机构投资者（包括养老基金、投资基金和保险公司），第二类是非传统机构投资者（包括对冲基金、私募基金、ETF 基金、主权基金），第三类是财富管理基金。因可靠数据的缺乏，该划分标准并未穷尽所有类型的机构投资者（慈善基金、捐赠基金等），因此基于政策意义进行分类更具操作性。中国证监会把机构投资者分为一般法人、证券投资基金、保险公司、证券公司、信托、QFII、社保基金、私募基金、企业年金、非金融上市公司等。国内最常用的 Wind 数据库亦根据监管机构的分类进行机构投资者的统计和列报。

---

① 资料来源：OECD 官网。

　　本书研究的基金和 QFII 是我国资本市场中具有代表性的两类机构投资者，其中，证券投资基金，简称基金，根据《证券投资基金管理暂行办法》的定义，是一种利益共享、风险共担的集合证券投资方式，即通过发行基金单位集中投资者的资金，由基金托管人托管，由基金管理人管理和运用资金，从事股票、债券等金融工具投资。QFII 即合格的境外机构投资者，是外汇管制下资本市场制度创新的产物，注重公司的业绩和分红以及发展能力，拥有专业的投资团队，并积极参与公司监管，是我国资本市场中一个重要的信息中介。

2.2.2　基于不同特征的机构投资者类型划分

　　部分学者已经认识到机构投资者具有的不同特性，并且这种差异会影响机构投资者参与公司治理的积极性。比较有代表性的是以下几个方面机构投资者类型的划分。

　　（1）根据机构投资者的预期投资期限将机构投资者划分为短线机构投资者、长线机构投资者和准指数型机构投资者（Bushee，1998；杨海燕，2013）。其中，短线机构投资者的投资组合通常是多样化的，会采取短线交易的方式以获取短期盈利，因而换手率较高。长线机构投资者通常有着较长的持股时间，投资组合较为集中，并且为赚取长期收益，会积极主动地参与公司治理，因而有着较为集中的投资组合和较低的换手率。准指数型机构投资者通常会采取数量化选股方式进行相应的投资决策（肖欣荣等，2012），投资组合较为集中，换手率也较低。

　　（2）按照机构投资者业务特点和运行方式的不同，可以从广义和狭义上对机构投资者进行分类。广义机构投资者不仅包括各种证券中介机构、证券投资基金、投资公司、养老基金、社会保险基金、保险公司，还包括各种私人捐款的基金会、社会慈善机构等，狭义的机构投资者则主要指各种证券中介机构、证券投资基金、养老基金、社会保险基金及保险公司。

我国证监会将机构投资者划分为一般法人、证券投资基金、社会保障基金、保险公司、证券公司、QFII、信托、企业年金和非金融上市公司等。其中，证券投资基金是一种利益共享、风险共担的集合证券投资方式，即通过发行基金单位，集中投资者的资金，由基金托管人托管，由基金管理人管理和运用资金，从事股票、债券等金融工具投资。从证券投资基金的概念可以看出，证券投资基金收益应是指基金管理人管理和运用基金所募集的资金从事股票、债券等金融工具投资所取得的收入。QFII 是指一国货币在没有实现完全可自由兑换、资本项目尚未开放的情况下，有限度地引入外资、开放资本的制度。首先，由于我国对 QFII 进入门槛要求较高，所以被批准可以进入我国境内市场进行交易的 QFII 都是大型机构投资者，他们多来自资本市场成熟发达的欧美或者经济自由程度较高的国家或地区，本身就拥有雄厚的资金、优秀成熟的管理团队和丰富的经验，所以他们有充分的能力参与上市公司治理，提高信息披露质量。其次，QFII 多遵循价值投资理念，看重公司的产业规模、行业地位、品牌价值和资源等核心竞争力（耿志民，2006）。QFII 在选择投资对象时还会综合考虑我国宏观经济的整体运行方向，关注政府重点支持行业和目前主要的行业，然后选择这些行业中的"精英"公司，并且保持长期投资倾向（莫婷，2014）。

2.2.3　不同类型的机构投资者对公司行为的影响

1. 机构投资者的公司治理作用研究

针对机构投资者是否愿意或有能力参与公司治理及对公司治理的影响等问题，学术界主要存在三种竞争性的观点：一是积极监督假说。即机构投资者为了获得更好的收益，维护自己的利益，会通过"用手投票"的方式积极参与公司治理，监督公司高管行为。这一假说已经得到国内外许多经验证据的支持。具体而言，机构投资者能通过提高管理层薪酬业绩敏感性（王会娟和张然，2012）、参与高管非自愿性变更决策（李胜楠等，2015）、促进独立董事制度建设、制约关联方行为（魏明海等，2013）、监督公司投资决策（Ferreira & Matos，2008；Panousi & Papaniko-laou，2012）和参与股东诉讼（Cheng et al.，2010）等方式改善公司治理水平，进而减少管理层的机会主义行为，增加信息透明度和披露质量（Wahal & Mcconnell，2000；叶建芳等，2009）、提升审计质量（张敏等，2011），进而提高公司绩效（李维安和李滨，2008）。同时，机构投资者持股比例与公司治理水平呈正相关关系（程书强，2006；高雷和张杰，2008），说明机构投资者持股比例高有助于提高公司治理水平。二是负面监督假说。即机构投资者股东的行为会侵害其他中小股东利益，在公司治理中扮演"利益攫取者"的角色，具体包括利益冲突假说和战略同盟假说（Pound，1988）。利益冲突假说认为机构投资者可能与公司间存在其他业务往来，会因谋取自身利益而支持管理层或董事会，致使其他外部股东利益受损；战略同盟假说认为如果机构投资者发现与管理层合作对双方均有利，他们会采取与管理层结盟的策略。正因如此，机构投资者出于短期获利的目的，有动机成为高管或大股东利益侵占的"帮凶"，而不是监督制衡大股东（唐清泉等，2005）。这使机构投资者在公司治理中的作用难以发挥，公司经营业绩和效率难以改善（宋建波等，2012）。三是无效监督假说。即机构投资者不参与公司治理或对公司治理无显著影响。这种结果可能是由两个原因造成的：一是机构投资者有意愿参与和改善公司治理，但实际上由于各种原因未能实现（吴晓晖和姜彦福，2006）；二是机构投资者不愿为干预公司而付出过高的成本，这类机构投资者不太可能参与公司治理，但它们倾向于投资治理水平较高的上市公司（谭松涛和傅勇，2009）。

2. 不同类型的机构投资者对公司治理影响研究

造成三种假说和机构投资者国企治理效用结论差异的主要原因是机

构投资者具有明显的异质性，不同类型的机构投资者股东参与公司治理的积极程度也有较大差异。持股时间、持股比例与监督成本均会影响机构投资者的治理效果。一般认为，持股时间较长的机构投资者发挥监督者角色的可能性较大，他们更倾向于介入公司治理和监督活动中，了解管理层是否尽职尽责。频繁地买卖股票并不能获得市场平均水平以上的收益，长期持有增长型股票的收益更高（Lakonishok et al.，1992）。不同类型的机构投资者在改善其持股公司绩效方面的作用也存在差异。布里克利等（Brickley et al.，1988）发现，有些机构与持股公司保持一定的商业关系，从而不愿意对公司管理者进行过度干预。科内特等（Cornett et al.，2007）证实压力不敏感型机构的持股数目越多，公司绩效越好。张涤新和李忠海（2017）通过实证检验得出证券投资基金对其持股公司绩效的改善作用大于其他机构投资者，持股比例较高的基金、券商有望显著改善企业业绩，而持股比例较低的信托公司、保险公司对企业业绩改善没有显著影响。陈等（Chen et al.，2007）发现只有长期机构投资者才能积极关注长期收益而不是短期收益。

具有不同业务特点的机构投资者对公司治理的影响也存在差异。鲁桐和党印（2014）认为，证券投资基金因为与被持股公司不存在持股关系，能够有效参与公司治理，因此其持股能够促进研发投资的增长；但部分学者得出了相反的结论，如温军和冯根福（2012）研究了证券投资基金等不同机构投资者持股对创新投入和创新效率的影响，实证结果发现证券投资基金会抑制公司的研发投资，而 QFII 会积极主动地参与公司治理，因而对民营企业的创新有积极影响。因此，温军等倾向于认为我国证券投资基金是短视的机构投资者，而 QFII 则是精明的投资者。

3. 异质性机构投资者对信息环境及公司业绩的影响研究

由于持股比例、投资期限的不同，机构投资者对公司业绩的影响也会有所不同。有学者认为持股比例高的、投资期限长的机构投资者能够显著改善公司治理并提高上市公司的业绩。拥有较高持股比例的机构投资者拥有机会、资源和能力去监督和影响管理者。因此，被机构投资者监管的公司会导致管理者更多的关注公司绩效（McConnell & Servaes，1990；Nesbitt，1994；Guercio & Hawkins，1999），因为大股东和机构投资者越来越多地主动关注公司治理，尤其是经营不好的公司（Cornett et al.，2007），并能对其持股公司绩效有显著改善作用。李维安和李滨（2008）基于南开公司治理指数的研究表明，机构投资者在提升上市公司治理水平方面发挥了重要作用，降低了上市公司的代理成本，机构投资者持股比例与企业业绩和市场价值之间存在显著的正相关关系。娄伟（2002）、石良平等（2007）、穆林娟等（2008）也得出了类似的结论。宋渊洋和唐跃军（2009）发现机构投资者持股对企业业绩改善具有显著的正面影响，持股比例越高越有动机和能力帮助企业改善业绩，并且对企业业绩改善的影响主要体现在短期，对企业长期业绩改善的作用逐步减弱。而机构投资者积极参与公司治理、促进企业业绩改善是更好的选择，机构投资者积极参与公司治理被认为是一种新的公司治理机制（翁洪波和吴世农，2007）。相关研究表明，美国的机构投资者越来越积极地参与公司治理（Gillan & Starks，1998；Karpoff，2001），在提高上市公司治理、促进企业业绩改善方面发挥越来越重要的作用。

在业务性质不同的机构投资者对信息环境与公司业绩影响方面，已有文献同样存在不同的观点。在证券投资基金影响方面，正方观点认为证券投资基金有助于改善公司治理，提升公司业绩。例如，弗斯等（Firth et al.，2016）研究表明，与其他类型的机构投资者相比，公募基金对公司的治理作用更强。肖星和王琨（2005）发现，证券投资基金持有的上市公司的财务业绩和公司治理表现显著优于其他公司。反方观点认为证券投资基金不利于信息环境的改善及公司业绩的提升。例如，戈德曼和斯莱扎克（Goldman & Slezak，2003）发现由于基金经理的任职期限短于典型投资者的投资期限，也短于基金经理所收集的长期信息得以公开反映的时间，因此基金经理将更关注短期信息的收集与处理。同时，证券投资基金认购者的有限理性和注重短期收益等特征将干扰和阻碍价值投资策略的实行，从而进一步加剧基金经理的"短视倾向"。另外，基金经理的声誉机制和相对业绩评价机制迫使其可能会模仿和追随基准组合或同行，这种"羊群效应"降低了私有信息融入股价的程度（许年行等，2013）。熊家财等（2014）则认为，基金经理的"短视"不利于市场信息环境的改善。李晓良等（2014）通过实证研究表明，证券投资基金的"羊群效应"、追涨杀跌使证券投资基金关注短期盈利，可能会致使公司的盈余管理水平上升。在 QFII 影响公司业绩方面，一种观点认为，QFII 不利于信息环境的改善及公司业绩的提升。另一种观点认为，QFII 并没有产生积极的信息效应，非但没有促进公司信息透明度的提高，其参与公司治理的积极性也不高，因此不利于公司价值的提升。例如，李蕾和韩立岩（2013）的研究表明，与国内机构投资者相比，QFII 普遍对被投资国的国情知之甚少，使得它们只能选择被动的价值投资，而非积极地参与公司治理。

2.3 资本效率的相关文献

2.3.1 资本效率概念的相关文献

资本效率问题的研究一直是研究经济增长及产业发展的重要课题。目前学术界对资本效率没有统一的概念界定，已有研究分别从宏观层面和微观层面界定资本效率的概念。宏观层面的资本效率大多强调的是投入产出比，例如，西方经济学认为资本效率是包括资本产出效率与资本配置效率的概念体系，资本产出效率是指资本对经济增长的贡献度，资本配置效率是指资本在生产、消费过程中的分配对人们处境的改善程度。

马克思认为资本效率是包括资本产出效率、资本积累效率和资本配置效率的概念体系，其中，资本产出效率是资本的产出与资本的投入之比，资本积累效率是剩余价值转化为资本后的资本总量与原有资本量之比，资本配置效率是不同生产部门中的资本配置形成的产出效率。王晓东和丛晓睿（2016）将资本效率界定为资本投入与产出的比值。杜思正等（2016）认为，资本效率是资本投入在经济体系中运作和使用的有效程度，因为资本要素在经济运行过程中的投入使用是一个包括资本形成、资本配置及资本产出的复杂体系，资本效率应该是资本形成效率、资本配置效率与资本产出效率的综合体现。魏（Wei，2007）认为，资本效率是指资本边际报酬。

微观层面资本效率的概念较为狭义，尹中立（2003）认为，上市公司的资本效率是指上市公司通过证券市场所融通的资金得到合理利用的程度。周伟贤（2010）将资本效率界定为公司投资效率，认为我国上市公司普遍存在非效率投资现象，而且投资不足比投资过度更为严重。周绍妮等（2017）认为，资本效率是投入国有资本要素所能带来的、满足资本拥有者需求的有效产出。马光威和钟坚（2017）认为，资本效率在微观层面指的是投资效率。石先进和赵惠（2017）认为，企业资本效率指的是企业资本的投入产出比率。綦好东等（2017）将资本效率定义为资本配置效率。朱大鹏和王竹泉（2017）认为，公司资本效率反映了各个利益相关方资本的投入产出效率。

综合宏观和微观资本效率概念的相关研究，本书发现较之微观资本效率的概念界定，宏观资本效率的概念界定考虑了资本在经济运行过程中的各种形态，界定较为全面。与宏观层面资本的运行规律类似，随着公司经济活动的运行，资本在微观公司经济运行中也会呈现多种形态。具体来说，公司的经营活动包含筹资、投资和生产经营等环节，筹资活动是公司资本的形成过程，投资活动是公司资本的配置过程，而生产经营活动则是公司资本的产出过程。鉴于此，本书将资本效率定义为出资者投入被投资企业的资本运作和使用的有效程度，具体包括资本形成效率、资本配置效率与资本产出效率。其中，资本形成过程主要是指公司的融资过程（袁康，2014），包括债权融资和股权融资，资本形成效率是指公司融资过程中资本运作使用的有效程度。融资风险和融资成本的高低会影响公司的未来盈利，较高的融资风险意味着公司面临的财务风险较高，此时公司将会承担较高的融资成本，而较高的融资成本则会降低公司未来的盈利能力。融资风险、债权融资产生的利息支出和股权融资产生的权益资本成本是公司融资过程的产出，公司负债总额和权益总额则是公司融资过程的投入项。学术界大部分学者认为公司资本配置效率是公司资本投放配置过程的有效程度。从定义上来看，公司资本配置效率是指为实现资本的利润最大化，而将稀缺的资本资源配置到边际效率最高的投资项目上去的程度（曾峻等，2018）。资本产出效率则相当于资本收益的概念，是指每一单位资本存量所能创造的产出量，体现了资本投入和经济产出之间的相互关系。微观公司的资本形成、资本配置和资本产出反映了资本在公司经营运作中的不同阶段，三者是相互衔接、依次递进的关系，资本形成是公司资本运作的基础，资本配置关系到公司资本投放的有效程度，而资本产出则反映出公司的资本产出。

2.3.2　资本效率计量的相关文献

与资本效率概念相对应的是，已有研究分别从宏观层面和微观层面衡量、测算资本效率。从宏观层面来讲，财务指标测算、经济模型测算、数据包络分析（DEA）是衡量、测算资本效率的主要方式。例如，赵（Cho，1988）基于生产函数理论，用资本预期收益方差的变化衡量资本配置效率。沃尔格勒（Wurgler，2000）用资本形成对行业盈利能力的敏感性作为衡量资本配置效率的指标。谢和克莱诺（Hsieh & Klenow，2009）、施炳展和冼国明（2012）认为，资本价格扭曲度是反映资本配置效率的重要指标，并采用生产函数估计方法来测度中国各省份的资本价格扭曲程度。杜思正等（2016）采用我国固定资本形成总额与全社会固定资产投资完成额的比值作为资本形成效率的衡量指标；采用地区实际生产总值与地区实际资本存量的比值作为资本产出效率的衡量指标。在数据包络分析方法（DEA）方面，赵奇伟（2010）使用该方法计算中国1997～2006年的地区资本配置效率，采用各地劳均民间部门投资额为产出变量，采用资本平均产出、资本平均利润率、市场化指数和资产负债率作为投入变量。

从微观层面来讲，财务指标计算方法和经济模型测算方法是用于测算、衡量公司资本效率的主要方法。例如，在财务指标计算方面，徐永超和经朝明（2006）从经济增加值角度出发，构建本效率的测算公式：$EOC = EVA /$ 资本成本。刘力昌等（2004）、方芳和曾辉（2005）利用净资产收益率、主营业务收入增长率和托宾Q值作为公司融资效率的替代指标。郝书辰等（2012）选取了一系列财务指标并将其人均化。周绍妮和张秋生（2017）在对国有资本效率进行评价时，根据数据的可获得性，采用总资产周转率衡量资产的运用效率。王竹泉等（2017）用总资本回报率、投资活动资本回报率及经济活动资本回报率来衡量资本配置效率。石先进和赵惠（2017）采用总资产贡献率来衡量资本效率的大小。在经济模型测算方面，理查德森（Richardson，2006）模型的应用最为广泛，能直接度量特定公司和年度的资本配置效率，从微观角度分析资本配置效率。该模型是在公司投资决策影响因素研究的基础上，进一步提出的公司投资期望模型，投资期望模型的残差即为公司的非正常投资。辛清泉等（2007）、米旭明等（2019）分别使用该方法测算公司实际投资水平与理想状态的资本投资水平之差，在此基础上取绝对值测算公司总体非效率投资程度，并以此作为公司资本效率的衡量指标。

通过资本效率概念界定的文献梳理，本书发现微观层面公司资本效率的概念界定大多认为可以更为宽泛一些，应反映资本投入公司经济运行和使用的有效程度，并分别以资本形成效率、资本配置效率和资本产出效率衡量公司资本效率。由于数据测算口径的不一致，宏观层面的资本形成效率、资本配置效率和资本产出效率指标不适合用于本书公司资本效率的衡量指标。在参考已有研究的基础上，本书以融资效率模型测算公司资本形成效率、以投资效率模型测算公司资本配置效率、以全要素生产率模型测算公司资本产出效率。

在公司资本形成效率的测算方面，本书以公司融资效率进行衡量，卢福财（2001）选用"投资回报率与资本成本率的比值"作为公司融资效率指标的计算方法。黄辉（2009）从融资成本和融资风险两个方面来衡量融资效率，采用加权平均资本成本来衡量融资成本，采用破产概率模型来衡量融资风险，之后以风险调整后的融资成本作为公司融资效率的衡量指标。由于本书的公司资本效率衡量包括了融资、投资和产出环节的效率衡量，融资风险与融资费用是融资过程的直接产物，公司在筹集到自身发展所需资金的同时，融资过程中的财务风险和融资费用也会随之产生，因此本书以综合考虑融资成本和融资风险的融资效率指标作为本书融资效率的衡量指标，该指标值越大，则表示公司融资效率越低，反之则越高。在公司资本配置效率的测算方面，考虑到研究公司资本投放的边际效率水平，本书选择理查德森（Richardson，2006）的投资效率模型，取其回归残差的绝对值作为公司资本配置效率的衡量指标，该指标值越大，则表示公司资本投放的边际效率水平越低，公司资本配置效率越低，反之则越高。在公司资本产出效率的测算方面，全要素生产率是公司产出扣除劳动、资本的贡献（Solow，1957），可以用于衡量公司资本投入产出的效率（苏锦红等，2015），因此本书以全要素生产率指标衡量公司资本产出效率。公司层面的全要素生产率计算方法主要有对柯布－道格拉斯（Cobb－Douglas）生产函数取对数转化为线性取回归残差（程晨和王萌萌，2016；钱雪松等，2018）、随机前沿方法（SFA）计算的公司全要素生产率，以及 OP 半参数法和 LP 半参数法计算公司全要素生产率（范剑勇等，2014）。由于 SFA 方法估算出的是公司全要素生产率的变化及其构成要素（技术效率改善、前沿技术进步、规模效益变化与配置效率变化），无法得到公司全要素生产率水平值。因此，本书在柯布－道格拉斯生产函数的基础上，采用取对数转化为线性回归残差的方法计算公司全要素生产率，该指标值越大，表示公司资本形成效率越大，反之则越小。为解决内生性的问题，本书以 LP 半参数法计算的公司全要素生产率作为稳健性检验指标。另外，在指标方向处理方面，资本形成效率和资本配置效率方向相同，指标值越大表示效率越低，而资本产出效率的指标值越大表示效率越高，为使研究指标的方向保持一致，本书将公司资本产出效率指标乘以（－1）进行处理。

2.4 文献评述

本书依次对网络中心度、机构投资者类型和资本效率的国内外文献进行了回顾和梳理。通过对已有文献的回顾，可以发现本书需要深入挖掘的研究重点，从而提供研究方向。

首先，通过对网络中心度相关文献的梳理，不仅为本书网络中心度的概念和测度提供了理论和方法基础，也为研究机构投资者网络中心度的经济后果提供了文献支撑。在网络中心度的测度研究方面，已有研究将中心度划分为 5 类，包括基于连接、基于最短路径、基于流、基于随机行走和基于反馈的中心度。并且从相关文献可以看出，基于连接的中心度和基于最短路径的中心度是测度网络连接最常用的指标。这为本书机构投资者网络中心度的测度提供了文献支撑。在机构投资者网络中心度带来的经济后果方面，本书发现机构投资者关系网络是否带来资本市场的稳定性未能得出一致的结论，为后续研究提供了空间，并需要作进一步的分析验证。

其次，通过对机构投资者定义及类型的相关文献进行回顾，发现异质性机构投资者产生的经济后果结论不一，为本书后续研究提供了契机。通过对国内外机构投资者概念的梳理，我们发现所有的概念均强调机构投资者是一种独立于控股股东和外部中小股东之外的投资机构，是一个在资本市场中专门从事投资活动的专业性法人机构。已有文献均认为短期机构投资者对公司治理、公司业绩和信息环境的不利影响要大于长期机构投资者的影响；而基金和 QFII 是否对公司治理、公司业绩及信息环境的影响存在差异，学术界也并未形成一致结论。在机构投资者网络中心度的相关文献综述中，我们发现机构投资者网络在金融市场中是普遍存在的，那么，不同类型的机构投资者网络中心度对公司资本效率产生的影响是否存在差异就成为本书重点考虑的问题。

最后，对资本效率的相关文献进行梳理和汇总。第一，本书回顾了资本效率概念的相关文献，发现已有文献大多从宏观经济角度界定资本效率，并且资本效率的概念范围也存在差异。大多数文献认为资本效率反映的是资本投入在经济运行过程中产生的效果。第二，通过对资本效率计量相关文献的回顾，发现已有文献存在多种衡量资本筹资效率、资本配置效率和资本产出效率的方法。虽然没有形成统一的资本效率测度方法，但回顾已有文献不难发现，当前研究比较倾向于采用经济模型测度融资效率和资本配置效率，采用数据包络分析和随机前沿模型测度资本产出效率。基于本书的研究目的，本书以公司融资效率、公司投资效率和生产效率衡量公司资本筹集效率、资本配置效率和资本产出效率，为后续资本效率的定义及计量奠定理论基础。

第3章

理论基础与分析框架

3.1 理论基础

3.1.1 社会网络理论

社会网络的研究最早始于 20 世纪 20 年代，德国社会学家西美尔首次提出"网络"一词，认为社会由各种复杂的网络关系构成，并且网络中的个体也经常处于相互作用之中。布朗（Brown，1940）首次提出"社会网络"的概念，认为社会中的不同个人之间存在着形式各样的社会关系，在不同的社会关系中，每个人承担的角色也不相同，这种不同社会角色形成的个人和阶级分类的总和就是社会网络。在布朗提出的概念基础上，米切尔和博伊塞万（Mitchell & Boissevain，1973）扩大了社会网络主体的范畴，认为除了个人之外，社会网络的组成部分还可以是组织、国家甚至是经济体，而社会网络则为社会中所有个体间关联关系的形成提供了纽带，但应根据研究问题不同对研究对象进行分层研究。劳曼等

（Laumann et al.，1978）进一步扩大社会网络概念范畴，认为社会网络是形式不同的节点（包括个人、组织、国家等），通过特定社会关系（同事关系、组织中的上下级关系、交易关系等）形成的关联关系。而弗里曼（Freeman，1977）首次提出"社会网络分析"的概念，并概括出社会网络分析的四大要素。沃瑟曼和福斯特（Wasserman & Faust，1994）则认为社会网络是由节点和线组成的关联关系。其中，节点代表个人、组织或者国家，而线则代表节点之间的关联关系。

20 世纪 60 年代以后，随着学科之间的融合和社会网络理论的进一步演进，社会网络理论的研究得到进一步的丰富与完善。1973 年，美国著名的新经济社会学家格兰诺维特发表了《弱关系力量》一文，他认为社会关系是指人与人、组织与组织间实际存在的一种纽带关系，这种关系基于"关系力量"可以分为强、弱两种，不同的关系力量有着不同的作用。在网络中，主要是弱关系发挥作用，因为强关系通常传递一些网络中每个成员都可以获取的同质性信息，而弱关系通常是给予稀缺重要的异质性信息。

布迪厄（Bourdieu，1986）首先提出了社会资本的概念，并将之定义为行动者在社会结构中所处的位置给他们带来的资源或者是获取资源的能力。某一行动者占有的社会资本的数量，取决于其可有效加以调动的关系网络规模的大小，以及与其有联系的个人所占有的（经济的、文化的和象征的）资本数量的多少。科尔曼（Coleman，1988，1990）认为，社会资本是组织所拥有的三类资本之一（其余两类分别为财务资本和人力资本），社会资本代表了与其他组织和个人的关系，反映了一个组织或个人的社会关系。这种网络关系为网络成员获取和传递信息资源提供了渠道，从而有利于解决社会问题，继而进一步丰富了社会网络理论。

伯特（Burt，1992）在格兰诺维特弱关系理论的基础上，从网络结构的视角出发提出了结构洞理论。结构洞是指社会网络中某个或某些个体和有些个体发生直接联系，但与其他个体不发生直接联系。这些个体无直接联系或关系间断的现象，从网络整体看好像网络结构中出现了洞穴。虽然结构洞中没有或很少有信息和资源的流动，因为结构洞是网络中信息与资源流动的必经之地，所以处于结构洞位置的组织往往比其他组织能获取更多的信息与资源。结构洞能为组织或个体带来信息收益和控制收益，尤其是其所带来的信息收益能使组织或个体成为信息的集散中心，为创新提供有利条件。结构洞理论是弱关系理论的进一步发展和深化，也为创新理论的研究提供了不同的视角，推动了社会网络理论的发展。

随着社会网络分析方法的快速发展，目前社会网络理论在社会学与管理学等领域应用日益广泛。社会网络理论主要通过构建概念化的网络结构模型来刻画主体间的关系模式，因此产生了一套运用数量化分析网络结构的工具——社会网络分析方法。

社会网络分析方法是学科之间交叉融合的分析方法，建立在社会心理学学科发展的基础上，并融入数学、统计学和计算机技术等多学科的理论与方法。20世纪60年代以后，为更加科学、准确地测量网络结构，怀特及其后继者布尔曼（Boorman）、布里杰（Brieger）和弗里曼（Freeman），不断融合数学、社会计量学、图论等研究领域的最新成果，补充、完善社会网络分析方法。这些分析方法在社会网络等研究领域得到了广泛运用。

社会网络分析方法的运用分为两个层次：一是以网络中的个体为研究对象，主要分析网络中的个体网络位置，如强联结、弱联结、中心性和结构洞等指标。二是以整体网络为研究对象，主要分析网络整体特征，如网络密度、群体中心度、子群等网络整体特征指标。在社会网络分析的计算方面，社会网络研究者们开发出一系列软件，如SNAFU、SIENA、UCINET等有实际应用价值的分析工具，为不同层次社会网络分析提供了重要的分析工具。

社会网络分析被看作是关于社会关系研究的一个新范式。该理论提出了新的学术问题、收集了新型的证据、提供了描述和分析社会结构的新方法。但它不仅是对关系或结构加以分析的一套技术，还是社会研究的一个重要的新思路。将高技术服务企业看作行动者，他们间的合作服务是相互关联的，他们之间所形成服务的关系纽带是信息和技术传递的渠道，网络关系结构也决定着他们的行动机会及其结果。而社会网络分析理论中的强联系、弱联系、嵌入性、结构洞、社会资本等经典理论和基本测度变量针对单个节点、节点间及整个网络的测量变量，已经成为分析高技术服务网络的重要理论基础。

综上所述，社会网络理论认为，社会中的不同个体或组织之间存在着形式各样的社会关系，这种网络关系带来网络内组织及个体间信息的获取与传递。因而，本书将研究视角聚焦于我国资本市场中的机构投资者网络，运用网络中心度对基金和 QFII 的网络关系模式进行测度，试图分析不同类型的机构投资者网络对公司资本效率的影响机制。

3.1.2　信息不对称理论

传统经济学的基本假设中，重要的一条是"经济人"拥有完全的市场信息，所有决策是在确定条件下进行的最优决策，市场是有效的，不存在投资风险和交易费用等问题。但现实经济活动通常无法满足这样一个要求，即信息不对称成为常态。市场经济发展了几百年，更多情况是处于信息不对称背景下。由于部分市场参与者相对于其他市场参与者具有信息优势，使每个企业都会面临不同程度的信息不对称。信息不对称阻碍了市场的正常运转，甚至会导致市场的彻底崩溃，是市场不完全性存在的一个重要原因。知情交易者可能获取内部信息或者具有更多的知识储备和经验来处理复杂的信息，而不知情交易者则没有这方面的优势（Glosten & Milgrom，1985），知情交易者就可以借助信息优势来获取超额利润。当市场上存在信息不对称时，市场价格与现值将不再相等。信息不对称普遍存在于市场交易中，信息所有者常常利用手中的信息优势谋取自身利益，而信息接受者处于信息劣势地位，再加上对信息获取成本高，在市场交易中往往要付出巨大的交易风险成本。

在信息不对称的条件下，信息优势方（代理人）为了自身利益可能会选择对信息劣势方（委托人）不利的行为，由此引发代理人问题、逆向选择问题和道德风险问题。信息不对称使委托人和代理人的目标往往不一致，委托人希望自己净剩余极大化，而代理人更希望自身效用最大化。所以如何通过激励和约束机制规范代理人行为，其实是交易双方进行无休止的信息博弈。获得额外信息需要付出成本，不对称的信息其实就是信息投入成本差异产生的原因。占有信息一方获得的优势其实是一种信息租金，信息租金是每一个交易环节相互联系的纽带。信息租金理论就是在尝试通过信息租金的切割来达到委托人对代理人较有效的激励约束。信息租金模型意在刻画委托人在租金抽取和效率权衡中如何确定产品均衡产量、质量或标准等，从而达到在信息不对称背景下的次优规划，并且随着委托人和代理人风险偏好的改变，影响到委托代理理论中的信息租金与效率的原有调配均衡，最后影响对应相关契约的变化。

逆向选择是指代理人利用委托人对信息的不知情，通过隐瞒信息获得额外收益，逆向选择会导致资本市场价格扭曲、市场交易效率低下。市场失灵下的逆向选择，信息劣势方缺乏足够的信息进行交易决策，只能通过市场判断得出交易的平均价格，导致质量高的产品因交易价格低而退出市场，最后市场只剩下次品，这种"劣胜优汰"就是人们常说的"劣币驱除良币"效应。

道德风险是指代理人利用其拥有的信息优势采取委托人无法观测和监督的隐藏性行动或不行动，导致委托人损失或代理人获利。理论上，道德风险是信息优势方在增进自身效用时做出不利于信息劣势方的行为。道德风险的存在导致交易成本增加，交易风险变大。

上市公司与投资者拥有信息的不对称主要表现在三个方面：（1）上市公司与投资者的信息不对称导致道德风险。由于所有权和控制权分离，投资者不可能监督管理者的日常工作，管理者有"偷懒"的倾向和可能。
（2）上市公司与投资者的信息不对称导致股票或债券发行中存在逆向选择问题。一家公司通过美化财务报告包装上市，发布虚假利好消息，或者隐瞒项目投资的不利消息，会吸引高风险偏好的投资者买入公司股票。投资者对公司未来盈利能力不了解，持股意图是短期内获利，往往在股票上市后抛售股票，这种投机行为导致股票价格波动较大。（3）上市公司的管理者掌握内部消息，可能利用内部消息获得超额利润。投资者是信息劣势方，当上市公司故意隐瞒真实信息时，投资者无法区分信息的真假，也无法辨别股票的优劣，优质股票的价格被低估，劣质股票的价格被高估，长此以往，产生"劣币驱逐良币"现象，优质公司被逐出市场，导致市场交易萎缩和低效率。

综上所述，现代公司的两权分离是代理问题产生的重要原因，而信息不对称也是代理问题带来的后果之一。对于外部投资者而言，上市公司的管理者掌握大量的内部信息，这种信息不对称容易带来管理者道德风险和逆向选择的问题，进而损害投资者的利益。较高的公司信息透明度能够降低投资者和公司之间的信息不对称，在加强公司监督力度的同时，也有助于改善公司经营业绩。而较低的公司信息透明度则会增强投资者和公司之间的信息不对称，不利于公司经营业绩的提高。如前所述，社会网络关系能够带来信息的获取与传递，那么基金网络中心度和 QFII 网络中心度带来的信息获取与传递是否有助于改善公司信息透明度，就成为本书需要深入研究的问题。

3.1.3　投资者有限理性理论

传统金融学理论中主要研究理性投资者的投资行为及其定价问题。理性是指通过某个价值评价体系来评价决策的结果是否有利，进而选择最优的投资行为。关于理性投资者的探讨，早在 18 世纪就展开了，但直到《国富论》的出现才受到了广泛重视并大行其道。古典经济学中的经济人是指能够排除影响人理性行为的各种因素，诸如社会道德、社会舆论、宗教信仰、政治因素和种族因素等，是纯粹的遵循经济理性的经济主体。在此基础上，新古典经济学给出了"经济理性"的假设，该假设包含了三个含义：第一，行为主体的行为是自利性的，不受其他利他因素影响。第二，行为主体根据各自的效用函数进行判断。第三，行为主体追求利润最大化或效用最大化。

可以看出，理性人的假设条件都比较苛刻，堪称完美，但在现实活动中经济行为的主体不可能完全严格按照理性经济人的假设进行决策活动。首先，人们并非如此清楚自己的偏好及其等级次序，相反，人们在很多时候是凭借模糊的"心理感受"或假想来追求自己的目标；其次，由于认知能力和信息处理能力的有限性，人类的计算能力是极其有限的，人类的"直觉"往往取代了精准的计算程序来作出决策；最后，信息也是不完备的，人类信息收集能力的限制和信息分布的非对称性都决定了人们在作出决策时，其信息基础是薄弱而不完备的。

因此，投资主体也不可能拥有完全信息，并对预测结果做出无偏估计，即做不到完全的风险规避。投资主体的具体行为和心理因素对其决策结果有着非常重要的影响。随后，西蒙（Simon，1947）在《管理行为》一书中正式提出了有限理性的概念。即有限理性是指受各种因素约束条件下的理性，缺乏条件的理性或者是受限制的理性。这一概念结合了心理学中对于理性概念的理解，从投资主体在决策过程中的真实内在心理进行剖析，用有限理性的概念代替之前的完全理性。其书中指出，有限理性是指受各种因素约束条件下的理性，是缺乏条件的理性或者是受限制的理性。他认为投资主体不是不理性，而是由于现实中各种约束条件使投资主体无法实现完全理性，比如，不可能不考虑信息成本而拥有完全信息，也不可能具有完备的知识。传统的投资主体的目标函数或经验决策也不可能完全保持一致，无偏差。

理性自利的假定与现实中的常态相违背，严重地降低了"经济人"假设在现实中的解释力。实质上，有限理性的自利是突破了以往对于理性自利的前提假设。有限理性自利的提出极大地提高了西方经济学基本假设对现实问题的解答能力，拉近了经济学理论与现实之间的距离。在此基础上，西蒙（Simon，1947）将理性自利的含义修改为有限的理性自利。科斯（Coase，1937）从社会成本的角度提出，由于交易费用的存在，人与人之间现存的产权协议并非最有效的产权制度，并不能实现最优的资源配置和最大的社会福利。而由于信息的不完备和不对称，阿克洛夫（Akerlof，1970）提出了柠檬市场的理论，即由于买卖双方私有信息分布的不对称，最终会出现逆向选择，这说明在信息完备这条假设不满足的条件下，人的自利选择使市场并不能实现有效的价格机制和资源配置。卡内曼和特沃斯基（Kahneman & Tversky，1979）对影响经济主体行为决策的情感、智力、意志等多个方面的因素进行了深入的研究，证明了经济主体的经济决策会与理性的决策模式和结果产生系统性的偏离。这一系列的研究成果从人类计算分析能力方面的局限动摇了理性自利假设的根基。

自然的非稳定与信息的不完备往往是人类不可控的，是经济主体有限理性的条件，人们能做的是尽量地增加信息透明度，以尽量减少人为的信息分布非均衡。而人类认知的局限则需要人类提升自己的认知能力和对客观世界的把握能力。因此，现有的对经济问题的研究文献往往是从信息分布的非均衡和人类认知的有限性来展开的。虽然众多的经济学家们对理性自利进行了不断的修正和解释，并发展出有限理性自利的概念，试图在有限理性的框架内解释理性自利无法回答的问题。但在现实中，由于个体极度逐利而导致的对整个社会经济的损害现象却无法在有限理性框架内得到合理的解释，无法用信息约束和认知局限来解释其行为机制。比如，现代科学技术越来越发达，人类的信息获取能力和计算能力也在不断地提升。

　　有限理性的局限条件在不断地缩小，但人类社会经济中的非理性自利行为却在不断地加剧，如环境不断恶化，经济危机、金融危机频发，而这些都与现实中经济个体的极度自利行为相伴相随，凸显个体理性与集体理性之间的尖锐对立，这就说明，需要从理性自利的视角来解释现实中的部分经济现象。

　　米勒（Miller，1956）认为，投资主体表现为有限理性的内在原因在于大脑的先天性限制，投资主体处理信息、进行决策都离不开大脑的信息处理，但人类大脑的先天性限制使行为无法做到完全理性。康利斯克（Conlisk，1996）认为，投资主体有限理性产生的原因在于思维成本。莱本斯坦（Leibenstein，1978）提出了选择性理性的假设，他认为投资主体会主动地根据其所处的特定环境和自身偏好选择理性程度，现实中的主体行为总是处于完全理性和完全不理性两类决策行为之间。斯科特（Scott，1994）从多个角度阐述了投资主体有限理性的概念，并从多个方面总结了有限理性存在的原因。他认为获得完全信息所需付出的成本、处理信息所需要的成本和具备的能力、人类自身思维能力的限制、人类知识储备有限、存在未探寻到的知识领域等都会使得扭曲完美的理性投资决策。宋军和吴冲锋（2001）认为，投资者的决策行为会受到现实中的认知有限的影响，而且在决策中往往会受到情绪及与决策无关的信息的影响，难以满足投资者完全理性的假设。可以看出，有限理性最直接的结果就是投资主体的决策结果和行为与传统经济学效用最大化的目标发生偏离，表现为理性不能和理性不为两种情况。理性不能是指在投资主体行为决策过程中，内在受到自身能力的限制，信息收集成本较高、信息处理不完全和心理因素等原因，外在受到社会制度、市场自身无效等原因的约束，最终导致投资主体本着完全理性的意念去决策最终却无法达到完全理性的结果的状态。理性不为是指即使能够实现理性所需的完全信息，投资个体自身不受任何身体或心理的限制，投资主体也可能主动放弃理性行为，选择有限理性行为从而降低达到完全理性所需成本，

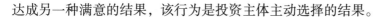

达成另一种满意的结果，该行为是投资主体主动选择的结果。

综上所述，笔者发现有限理性的前提依然是人是理性的，只是在特定环境下，投资主体表现出的决策和行为会与理性行为产生偏离。目前，关于理性人的探讨尚没有统一的观点。因此，本书借鉴理性人和有限理性的思想，将机构投资者分为基于价值分析的投资者和基于非价值分析的投资者。顾名思义，对于价值分析的投资者，以内在价值作为投资标准，高于内在价值则卖出，反之则买入。而非价值分析的投资者，不关心或没能力关心内在价值，跟随他人或者市场趋势随波逐流。

3.1.4　嵌入悖论

格兰诺维特（Granovetter, 1985）认为，经济行为的社会嵌入在"非市场"社会并不像部分人类学家和政治学家声称的那么高，同时在现代市场经济条件下，这种嵌入的程度也没有发生多少改变。但其对于经济行为的影响是可观的，并且将一直持续下去。因此，其既反对以新古典经济学为代表的低度社会化或者原子式观点，也反对以往古典社会学所主张的过度社会化观点。因为上述两种观点本质上都是将行动者视为孤立的按照自身利益做出决策的个体。过度社会化观点强调社会规则和行为角色规范通过社会化过程内化于行动者，行动者依据内化的规则根据具体的情境条件进行决策，并没有考虑不断发展变化的社会结构对行动者的影响，这显然是与社会现实情况脱节的。乌齐（Uzzi, 1997）提出了"嵌入悖论"的观点，认为嵌入不但能通过企业间的资源共同使用、合作和协调适应来提升企业的经济绩效，也能通过将企业封闭在固定的网络中，使其无法获得网络外部信息和机会而损害企业的绩效。一个组织的网络位置、网络结构和嵌入关系的分布会影响其绩效。当网络嵌入上升时，企业绩效会达到一个临界点，过了这一临界点，则嵌入的效应由正向转为负向。

在社会网络研究领域中，就公司网络中心度、董事网络中心度与公司绩效之间的关系，学术界并未达成一致结论。一方面，网络中心度带来的正向影响得到了诸多实证研究的证实，如彭正银和廖天野（2008）研究发现，网络中心度与企业绩效正相关，迟嘉昱等（2015）基于我国电子信息百强企业的研究发现，网络中心度与合作创新产出正相关；吉尔松（Gilson，1990）的研究结果表明，董事网络中心度的提高可通过社会资本为上市公司带来资金来源；陈运森和谢德仁（2011）认为，董事网络中心度较高时，能够有利于缓解其所在公司的非效率投资。另一方面，网络过度嵌入带来的问题越来越受到关注。如弗里斯等（Ferris et al.，2003）提出的"繁忙假说"认为，当董事网络中心度较高时，说明董事服务的公司家数越多，受到的约束就会越多，进而导致监督能力的弱化。芬奇和希夫达萨尼（Fich & Shivdasani，2006）通过实证研究验证了"繁忙假说"。另外，董事高网络中心度会导致网络中的董事对其阶层利益进行维护，这是降低其监督效率的另一个原因。目前，更多的学者认为网络中心度与公司绩效存在着倒"U"型关系，这与乌齐的研究结论是相同的。范哈佛贝克等（Vanhaverbeke et al.，2004）通过研究表明，随着直接网络联结的增加，企业增加了信息和创新知识的处理数量，当这种处理数量超过一定临界点时，企业会花费大量成本去维护、利用这种规模庞大的网络，进而降低其对公司创新绩效的积极作用。林润辉等（2014）认为，公司协同创新网络中心度对公司创新绩效的积极影响，在一定范围内，会随着网络中心度的提高而上升，但是限于自身的网络管理能力和制度因素等原因，超过一定临界点后，公司协同创新网络中心度与公司创新绩效之间有可能会变成负向关系，即呈现一种倒"U"型关系。王建琼和陆贤伟（2013）在综合考虑"声誉假说"和"繁忙假说"之后，认为高董事网络中心度使董事多任职对信息披露的影响可能是非线性的。

综上所述，较高网络嵌入带来网络中心度的提高对公司绩效的影响并非总是正向影响，现实世界中是存在"嵌入悖论"的，即网络的过度嵌入反而会降低对公司绩效的积极作用。我国资本市场中基金持股的上市公司数量较多，而 QFII 持股的上市公司数量相对较少。较高的基金网络中心度和较高的 QFII 网络中心度对公司资本效率的影响是否存在差异就成为本书研究的重要问题之一，并试图探索其中的影响路径，进一步丰富和扩展机构投资者领域的社会网络理论研究。

3.2　分析框架

网络中心度能够带来信息的传递，是对个体直接连接与间接连接最短路径的一种衡量。机构投资者网络中心度带来的信息传递会影响其投资行为，这种行为进而会对其持股的公司行为产生影响。当前，机构投资者网络中心度已经成为公司治理研究领域的重要议题。从已有文献来看，许多学者都已经关注到机构投资者网络中心度在公司治理及公司业绩中的作用，但是，现有研究对不同类型机构投资者网络中心度对公司资本效率的影响差异和作用机制的探讨并不深入，因而，机构投资者网络中心度与公司资本效率之间关系的研究尚属空白，并且公司资本效率的提高无论是对资本市场中的投资者，还是对公司业绩本身，甚至是对整个国民经济的发展都有着至关重要的作用。故研究不同类型机构投资者网络中心度对公司资本效率的影响，并探讨其内在影响机制就显得非常有必要。

在梳理机构投资者类型、网络中心度和资本效率相关文献的基础上，本研究基于社会网络理论、信息不对称理论、投资者有限理性理论、信号理论和嵌入悖论，探讨自变量基金网络中心度和 QFII 网络中心度与因变量公司资本效率之间的具体关系，分析基金网络中心度和 QFII 网络中心度对公司资本效率的影响、自变量和因变量之间是否存在传导媒介及权变因素，以及基于此构建分析框架：第一，变量维度。本书基于已有文献，将公司资本效率分为公司融资效率、公司投资效率和公司资本产出效率三个维度，将网络中心度分为程度中心度和中介中心度两个维度。第二，直接效应。本研究在模型构建过程中将基金网络中心度和 QFII 网络中心度作为自变量，将公司资本效率作为因变量，分别分析前者对后者的直接影响。第三，调节作用。模型将公司内外部治理环境引入作为调节变量，试图探讨其在基金网络中心度与公司资本效率，以及 QFII 网络中心度与公司资本效率关系间的调节作用。第四，交乘效应。基于已有研究，本书构建了基金网络中心度与 QFII 网络中心度的交乘项，以探讨 QFII 网络中心度对基金网络中心度的调节效应。理论模型框架如图 3－1 所示。

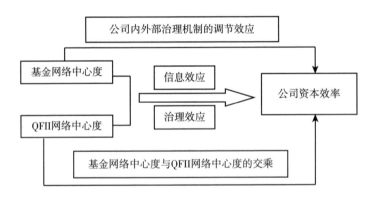

图 3－1　分析框架

第4章

基金网络中心度与公司资本效率

公司行为会受到基金网络产生的信息效应和基金持股期限差异的影响。因此，本章首先检验基金网络中心度产生的信息效应对公司资本效率的影响。其次，检验持股期限不同的基金网络中心度对公司资本效率的影响，以考察持股期限在其中发挥的调节作用。并在以上研究基础上，对基金网络中心度影响公司资本效率的中介机制和相关的调节机制进行探究。

4.1 理论分析与研究假设

4.1.1 基金网络中心度与公司资本效率

机构投资者对公司资本效率的影响一直是学术界和理论界关注的热点，但关于影响结果，学术界并未得出一致结论。有学者认为机构投资者有助于提升公司资本效率，例如，胡援成和卢凌（2019）认为，机构投资者具有专业技术分析能力和较为广泛的信息来源，能够缓解投资者与公司间的信息不对称。范海峰和石水平（2016）从公司治理角度，研究机构投资者对公司股权融资成本的影响，发现机构投资者会改善公司治理，进而降低公司的股权融资成本。而另一些学者则认为，机构投资者降低了公司资本效率，毛洪涛等（2013）的研究表明，当较低的证券投资基金整体持股比例恶化公司治理的同时，会增加上市公司的股权资本成本。王爱群和关博文（2017）通过实证研究，证明采取频繁交易的机构投资者会注重公司的短期盈利，并且往往也会诱使公司管理层实施一些高风险项目以实现其短期盈利目的，进而损害债权人利益，增加债权人风险，导致债券投资者提高其自身的收益率来弥补这种高风险。阿什宝等（Ashbaugh et al.，2004）则认为，机构投资者持股增加了上市公司的股权融资成本，原因是机构投资者青睐于公司的高风险投资，而这种短期套利行为恶化了上市公司治理，提高了股东的持股风险，因此股东要求较高的回报率以弥补这种高风险。

通过既有研究，本书发现机构投资者主要通过两种方式影响公司生产经营决策，进而影响资本效率。一是"用手投票"，即机构投资者直接参与监督公司的内部决策，发挥治理效应。二是"用脚投票"，即机构投资者通过股票买卖行为间接影响公司的生产经营决策，从而发挥信息效应。就基金而言，我国上市公司的股权集中度较高，单个基金的持股比例相对较低，因此相较于直接监督，基金更倾向于通过买卖公司股票向市场传递"信号"来间接影响公司决策，即基金信息效应更强。

事实表明，资本市场中的基金之间并非相互独立，而是相互关联、相互影响的。基金之间的网络关系因为某些原因而建立起来，帕里克（Pareek，2012）最早采用基金的共同持股作为基金网络关系的连接依据，发现基金的持股变化会受到本网络内其他基金持股变动的影响。申宇等（2015）的研究表明，校友关系的存在使基金之间的网络关系得以建立，并对基金业绩产生正向促进作用。

社会网络的相关理论认为，个人或组织会通过其所处网络交流信息、获取经验知识，并最终影响其自身的决策（Lin，2002）。个体网络位置的不同也会导致网络信息传递效果的差异，处于网络中心位置的个体有着更为广泛的联结，能够获取较多的信息，也会对网络内的信息传递产生较大的影响，进而影响网络内其他基金的交易行为，并最终影响整个资本市场的信息传递。因为处于网络中心位置、网络中心度较高的个体会影响和控制处于非网络中心位置的个体。因此，个体或组织网络关系的强弱可能存在着"双刃剑"效应：第一，个体的网络中心度越高，越能有效地通过网络获取并向其他个体传递信息（Bajo et al.，2016），进而增强网络内个体之间的合作。第二，个体的网络中心度越高，越有可能控制和曲解信息，以影响其他个体的决策（郭晓冬等，2018）。綦好东等（2019）的研究表明，网络中心度较高的短期持股基金有可能会隐瞒或歪曲网络中传递的信息，会加剧信息的不对称。网络中心度较低的基金可能会更加关注其他基金关注的股票，继而造成延迟交易、追涨杀跌。

在资本市场中，高网络中心度基金的"双刃剑"效应同样会使公司资本效率产生两种不同的结果。在正向影响方面，当高网络中心度基金将获取的信息通过网络进行有效传递时，能够降低网络内的信息不对称，提高信息透明度，进而有利于提升公司资本效率。首先，当基金网络中心度较高时，意味着与其他基金之间存在的直接或间接联系较多，拥有较为广泛的信息来源，进而获取有关公司发展的各方面信息。其次，如果较高网络中心度基金传递信息具有较高的积极性时，在降低信息处理成本的同时，也有助于提升资本市场的信息透明度。网络中心度较高的基金能够获取较多的公司信息，获取公司的信息量会逐渐增大，较大的信息量集中于某几只基金手中，在增大信息处理成本的同时，也会导致信息处理效率的下降。如果能够通过网络进行信息传递，与其他基金进行信息的沟通与交流，在降低信息处理成本的同时也可能会获得更多有利于基金投资决策的信息。而网络中基金之间的信息交流会增强基金对公司的了解程度，这有助于提高资本市场的信息透明度，降低投资者与上市公司之间的信息不对称，在增强投资者信心的同时，也有利于对公司进行监督，进而提升公司的资本效率，基于以上分析，本书提出如下假设。

假设4-1a：较高的基金网络中心度会提高公司的资本效率。

在负向影响方面，当高网络中心度的基金隐瞒信息，或者将曲解的信息在网络中进行传递时，不利于降低信息不对称以及公司信息透明度的提升。首先，当高网络中心度基金的持股期限较短时，较多的持股公司数量使获取信息数量增加的同时，较短的持股期限会使基金无暇处理众多信息，会带来信息的拥堵，不利于信息透明度的提升。我国资本市场中，基金持股的上市公司家数普遍较多，当基金持股期限较短时，网络联结较多的基金将会产生较高的信息处理和传递成本，可能会造成信息处理的拥堵和信息丢失，进而导致信息传递不畅，不利于信息透明度的提高。其次，注重短期盈利的基金为获取超额收益及保持排名，通常会缩短其持股期限致使其换手率较高，导致高网络中心度的基金无暇处理及传递信息，同时也有可能会隐瞒或曲解其获取的信息，无论哪种情况，都会使信息在网络内无法进行充分的交流。网络中心度较低的基金通常持股的公司数量较少，因此获取信息的来源较少，为避免选错股票而被认定为投资能力差，该类基金通常会模仿先行者的交易决策，有可能导致基金的跨期羊群效应，这种羊群效应通常会使基金忽略掉自身已经掌握的信息，而盲目跟随其他基金的交易行为，使自身拥有的信息无法在定价或者决策中体现出来，进而无助于降低信息不对称，不利于公司信息透明度的提高。当信息透明度达不到外部投资者的预期时，外部投资者会提升预期报酬率来对自己可能承担的风险进行弥补，无形中降低了公司的融资效率，同时，较低的信息透明度也不利于公司利益相关方对公司的监督，为管理层的机会主义行为提供了空间，不利于公司投资效率和生产效率的提高。基于以上分析，本书提出如下竞争性假设。

假设 4 - 1b：较高的基金网络中心度会降低公司的资本效率。

4.1.2　持股期限不同的基金网络中心度与公司资本效率

当基金持股期限不同时，基金的持股动机不同会致使其关注不同的信息，进而对公司行为产生不同的影响。国外研究对持股期限不同的基金与公司的关系有两种观点：短期信息效应观和长期治理效应观。短期持股基金关注的是公司的短期盈利信息，可能会因为公司短期盈利或亏损的出现而买入或卖出股票。长期持股基金关注的是公司的长期盈利能力，并不会因为公司短期亏损的出现而抛售股票。

较高的短期持股基金网络中心度会降低公司的信息透明度，进而降低公司的资本效率。首先，从筹资角度来看，因为竞争和业绩排名压力，网络中心度较高、信息获取来源较多的短期持股基金为赚取超额收益，有可能会隐瞒或者曲解网络中的信息传递。而网络中心度较低、信息获取来源较少的短期持股基金为避免投资失误，有可能会选择跟随高网络中心度基金的投资决策，进而导致跨期羊群效应的产生。这种羊群效应会导致跟随者拥有的信息无法在决策中体现出来，导致公司信息透明度的降低。而当公司信息透明度无法达到外部投资者的预期时，为弥补自身风险，外部投资者会要求较高的投资报酬率，带来公司筹资成本的上升。其次，从投资角度来看，短期持股基金对公司长期价值增值的关注会导致公司价值低估带来的股票错误定价，当公司股价与管理层利益密切相关时，为带动股价上升，公司管理层可能会迎合短期持股基金的投资预期，以牺牲公司长期价值为代价，而选择一些短期盈利的投资项目，导致公司非效率投资的产生。最后，从产出角度来看，较高的短期持股基金网络中心度对短期盈利信息的关注使其没有监督公司管理层的动机和能力，为管理层的机会主义行为提供了空间，当公司管理层从事一些损害公司长期价值的经营活动和投资活动时，短期持股基金没有动机和能力对这种行为进行监管，进而导致公司产出效率的下降。综上所述，本书提出如下假设。

假设4-2a：较之长期基金网络中心度，较高的短期基金网络中心度会降低公司的资本效率。

较高的长期持股基金网络中心度会提高公司的信息透明度，进而提高公司的资本效率。首先，高网络中心度的长期持股基金有与其他基金建立网络连接的积极性与主动性，通过网络进行信息传递与分享的方式促进基金之间未来合作的可能性，进而有助于提高公司的信息透明度。高网络中心度的长期持股基金有着较强的动机和能力参与公司治理，以及广泛的信息来源。长期持股基金关注的是公司长期的投资获利能力，并不会因为公司短期盈利出现问题而随意抛售股票，但也因为持股公司的数量较多，较多的信息来源会带来长期持股基金信息处理成本的上升和监管能力的下降，与其他基金建立合作关系有助于其获得更多有价值、精准的信息并进而提升自身的监管能力。这在降低信息获取和处理成本的同时，也会增强长期持股基金对公司信息的掌握程度，许多基金通过分析报告等方式将信息传递至资本市场层面的做法则有助于提高公司的信息透明度，增强外部投资者的信心，这会降低公司的外部融资成本，提高融资效率。其次，长期持股基金之间的合作与交流有助于对公司有针对性地进行监督。较高网络中心度的长期持股基金通过信息分享的方式，会与较低网络中心度的长期持股基金建立起相互理解的长期伙伴关系。这种伙伴关系会使基金之间能够进行信息、知识和经验的交流（Ozsoylev et al.，2014），增强长期持股基金持股的积极性及持股的稳定性，进而增强对公司的监督力度，这有助于抑制公司管理层的机会主义行为，提高公司投资效率和资本产出效率。基于以上分析，本书提出如下假设。

假设4-2b：较之短期持股基金网络中心度，较高的长期持股基金网络中心度会提高公司的资本效率。

4.2 研究设计

4.2.1 样本选择和数据来源

本书借鉴帕里克（Pareek, 2012）的研究成果，选取 2012～2021 年重仓持股中国沪深 A 股主板上市公司的非指数型基金（股票型基金、混合型基金和封闭式基金）持仓数据为样本，构建基金网络模型用以衡量基金网络中心度。在计算出基金网络中心度的基础上，对样本数据进行如下处理。（1）剔除持股 ST 或 *ST 上市公司、金融保险类上市公司的非指数型基金样本；（2）剔除财务数据或治理数据缺失的上市公司样本；（3）考虑到兼并等非经营性活动对投资决策的影响（计方和刘星，2011），剔除发生重大交易事项的样本。本书最终得到 16210 个"基金—公司—年"有效样本观测值。公募基金季度持仓数据、基金分类标准数据来自 Wind 数据库，相关财务指标数据、公司治理数据来自 CSMAR 数据库。在运用社会网络分析软件 Pajek 和 Ucinet 计算基金网络中心度的基础上，运用 Stata14.0 完成本书的回归分析。

4.2.2 变量选取及定义

1. 被解释变量

公司资本效率（zrxl）。公司资本效率是公司资本在经济体系中运作和使用的有效程度。根据资本在公司经济运行中呈现的状态，借鉴杜思正等（2016）的研究，本书将公司资本效率划分为资本形成效率、资本配置效率和资本产出效率。

其中，资本形成过程主要是指公司的融资过程（袁康，2014），包括债券融资和股权融资，融资成本的高低会影响公司的未来盈利水平。同时，公司在融资过程中要承担到期无力支付的风险，这会降低公司的未来融资能力，增加公司的融资风险，因此，本书在已有研究的基础上，构建如下计算公式，以财务风险调整后的融资成本衡量公司非效率融资。

$$Fcr = Fc \times (1 + Fr) \qquad (4-1)$$

其中，Fcr 代表融资效率，Fc 代表融资成本，Fr 代表财务风险。关于融资成本与财务风险的计算公式如表 4-1 所示。

表 4-1　　　　　　　　　　融资效率指标体系及其计算公式

指标名称	计算公式
融资成本	WACC＝利息率×（1－税率）（债务资本/总资本）＋权益资本成本率×（权益资本/总资本）
财务风险	DFL＝息税前利润/（息税前利润－利息）

融资成本公式中的权益资本成本率是根据资本资产定价模型求得的。无风险报酬率、β 系数和资本市场回报率来源于 CSMAR 数据库。

在资本配置效率衡量方面，回顾已有文献，我们发现现有研究多以投资效率模型测算公司投资不足和过度投资来衡量公司资本配置效率（周春梅，2009；袁振超和饶品贵，2018）。本书借鉴理查德森（Richardson，2006）的研究，用模型（4-2）估算公司非效率投资。先利用模型（4-2）估算公司最佳投资规模，之后取实际投资规模减去最佳投资规模的估计残差绝对值（Absinv）作为公司非效率投资的替代变量，表示实际投资规模与预期投资规模之间的偏离度。

$$Inv_{it} = \beta_0 + \beta_1 Growth_{it-1} + \beta_2 Lev_{it-1} + \beta_3 Cash_{it-1} + \beta_4 Size_{it-1}$$
$$+ \beta_5 Age_{it-1} + \beta_6 Ret_{it-1} + \beta_7 Inv_{it-1} + \sum Year + \sum Indus + \varepsilon_{it}$$
$$(4-2)$$

其中，Inv_{it} 表示资本投资比重，是 i 公司 t 年末投入固定资产、无形资产与其他长期资产的现金流出减去处置固定资产、无形资产与其他长期资产的现金流入与平均总资产之比；$Growth_{it-1}$表示公司的成长能力，是 i 公司 t-1 年末的主营业务收入增长比；Lev_{it-1}表示财务杠杆，是 i 公司 t-1 年末的资产负债率；$Cash_{it-1}$表示现金持有量，是 i 公司 t-1 年末的货币资金与总资产之比；$Size_{it-1}$表示规模，是 i 公司 t-1 年末的总资产取对数；Age_{it-1}表示 i 公司 t-1 年末的上市年限；Ret_{it-1}表示盈利能力，是 i 公司 t-1 年末的股票收益率；Inv_{it-1}表示 i 公司 t-1 年末的资本投资。该模型还控制了年份和行业固定效应。

在公司资本产出效率衡量方面，索洛（Solow，1957）指出企业产出扣除劳动、资本的贡献后为全要素生产率。借鉴鲁晓东等（2012）以及刘志成和刘斌（2014）有关全要素生产率的常规估算方法，本书在柯布 - 道格拉斯生产函数的基础上，采用对数化方法计算全要素生产率用以衡量公司资本产出效率（Tfp）。其中，柯布 - 道格拉斯生产函数形式为：

$$Y = A_T L^\alpha K^\beta \qquad (4-3)$$

其中，A_T 衡量的是 Tfp，表示每单位资本投入带来的产出；L 表示劳动投入量；K 表示资本投入量。

对于不同公司 i（i = 1，2，…，N），在时间 t（t = 1，2，…，T）内，以自然对数表示的方程如下：

$$lnY_{it} = lnA_{Tit} + \alpha lnL_{it} + \beta lnK_{it} \qquad (4-4)$$

在一定时间内，假定技术参数 α 和 β 不随企业时间的改变而不同，而 Tfp 会随公司的不同而出现差异，但 Tfp 不可观察，$lnA_{Tit} = \mu_{it}$，那么等式（4-5）可以改写为：

$$lnY_{it} = \alpha lnL_{it} + \beta lnK_{it} + \mu_{it} \qquad (4-5)$$

式（4-5）的回归估计残值就是每家公司的全要素生产率。在借鉴已有研究的基础上，本书用上市公司各年末的主营业务收入衡量 Y_{it}，使用上市公司各年末的员工总人数衡量劳动 L_{it}，用上市公司年末的固定资

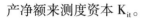

产净额来测度资本 K_{it}。

2. 解释变量

基金网络中心度（FC）。借鉴刘军（2009）、李维安等（2017）的研究，本书选用程度中心度（Fdgm）和中介中心度（Fnbm）的平均值作为网络中心度的衡量指标。为全面、客观衡量基金网络中心度，在计算出两个指标季度中心度的基础上，以各基金的持股比例作为权数计算年度中心度，并以持仓同一公司的基金网络中心度均值衡量公司层面的基金网络关系强度。同时，为消除由于数值相差较大所引起的误差，本书又将两个中心度指标进行了标准化处理，选取 t 年度持有一家公司所有基金中心度两个指标的平均值（FC）作为解释变量，中心度两个指标的中位数用于稳健性检验。

（1）程度中心度（Fdgm），表示某基金能够连接的投资于同一股票的其他基金数量之和。该中心度越大，意味着某基金连接的其他基金数量越多，能广泛地接触各类信息，且便于观察网络中其他基金的交易行为。

$$\text{Fdgm}_{it} \frac{\sum_{j=1}^{g} x_{ijt}}{g_t - 1} \tag{4-6}$$

其中，$\sum_{j=1}^{g} x_{ijt}$ 表示基金网络内 i 基金在 t 年度能够联系到的投资于同一股票的其他基金数量之和。g_t 为 t 年度基金网络内所有基金总和，除以"$g_t - 1$"对其标准化。

（2）中介中心度（Fnbm），衡量某基金控制其他基金连接路径的程度。中介中心度越大，说明某基金控制信息传递和交流的程度越高。

$$\text{Fnbm}_{it} = \frac{\sum_{j<k} g_{jkt(it)} \big/ g_{jkt}}{[(g_t - 1)(g_t - 2)]/2} \tag{4-7}$$

其中，g_{jkt} 表示 j 基金与 k 基金在 t 年度连接的最短路径数量。$g_{jkt(it)}$ 表示 j

基金与 k 基金在 t 年度连接的最短路径中包含 i 基金的路径数量。$g_{jkt(it)}/g_{jkt}$ 表示 i 基金控制 j 基金与 k 基金在 t 年度交往的能力，$\sum_{j<k} g_{jkt(it)}/g_{jkt}$ 表示 i 基金对所有经过它进行连接的两基金在 t 年度的控制能力之和，除以 "$[(g_t-1)(g_t-2)]/2$" 对其标准化。

以图 4－1 为例解释基金网络中心度的计算。a、b、c、d、e 表示 5 个基金（节点）。与 d 基金直接连接的基金有 a、b、c、e，d 基金的程度中心度为 $4/(5-1)=1$。通过 d 基金进行连接的基金有 a 和 e、b 和 e、c 和 e，a 与 e 之间的最短路径是 2，只有 a－d－e 一条，那么 d 基金对 a 和 e 连接的控制程度为 1；同样，d 基金对 b 和 e 连接的控制程度为 1，对 c 和 e 连接的控制程度也是 1，d 基金的中介中心度是 $(1+1+1)/[(5-1)\times(5-2)]/2=1/2$。d 基金与 a、b、c 和 e 的最短连接路径均为 1，d 基金的接近中心度为 $(5-1)/(1+1+1+1)=1$。

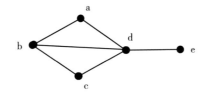

图 4－1　网络连接示例

本书构建基金网络中心度指标的步骤如下：

第一，选取 2012～2021 年季度重仓上市公司的基金数据，每季对每只基金命名一个唯一标识，并且按照上市公司整理成基金—公司的矩阵 A [0，1]。如果持股同一上市公司，则赋值为 1，否则为 0。

第二，使用 Pajek 软件将二模矩阵 A [0，1] 转换为基金—基金的一模矩阵 B。对于矩阵中非对角线的参数，数值大小对应着持股同一上市公司的交集次数。例如，如果两只基金之间只有一次持股同一上市公司，则数值为 1；如果两只基金同时持股两家上市公司，则数值为 2；如果两只基金之间不存在共同持股关系，则数值为 0。

第三，得到一模矩阵后，调用 Ucinet 6 软件的中心度函数，分别得到每季度基金标准化后的两个网络中心度指标（程度中心度和中介中心度）。

第四，将基金季度网络中心度与上市公司对接，按季度重仓比例进行加权平均，以计算出的基金网络中心度年度均值作为基金网络关系测度的主要研究变量，并以未加权平均的网络中心度年度均值进行稳健性检验。

3. 调节变量

持股期限（Tenure）。借鉴闫和张（Yan & Zhang，2009）、刘京军和徐浩萍（2012）的研究，本书按照换手率高低区分基金持股期限，并将其作为调节变量，以考察持股期限不同的基金网络中心度对公司资本效率的影响。

4. 控制变量

（1）大股东占款（Tunnel）。大股东占款将会影响公司资本配置效率（辛清泉等）。本书借鉴池国华等（2016）、米旭明等（2019）的做法，将其作为控制变量纳入回归模型中，以公司期末其他应收款的余额与平均总资产的比值进行衡量。

（2）资产负债率（Lev）。以往研究发现，资产负债率可能会影响公司非效率投资，导致预期投资会偏离最优投资（张功富和宋献中，2009）。为控制资产负债率对公司非效率投资的影响，本书将其作为控制变量之一。

（3）董事会规模（Board）。从公司治理角度看，董事会规模会对公司非效率投资产生较为深远的影响。有学者认为，董事会规模越大，治理效果越差，因而会导致公司非效率投资（Richardson，2006）；也有学者认为，董事会规模能够促进公司投资效率的提升，降低公司的非效率

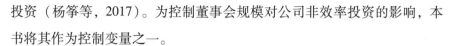

投资（杨筝等，2017）。为控制董事会规模对公司非效率投资的影响，本书将其作为控制变量之一。

（4）董事会会议次数（Meet）。已有研究对董事会会议与公司非效率的关系也有不同的结论。姜凌等（2015）通过实证研究表明，董事会会议次数越多，越容易诱发公司非效率投资。周运兰等（2018）则认为，董事会会议对公司非效率投资没有产生明显的作用。康吉等（Conger et al.，1998）认为，董事会会议次数的增加，在增加董事之间沟通交流的同时，也会提高交流质量，从而改进董事会治理效率，改善公司非效率投资。因此，为控制董事会会议次数对公司非效率投资的影响，本书将其作为控制变量之一。

（5）盈余管理（Ada）。有关盈余管理对公司非效率投资的影响，有学者研究表明，会计信息能够影响公司的投资模式，并进而影响其非效率投资行为（蒋瑜峰和袁建国，2011）。也有学者的研究发现，通过控制盈余管理，高质量的会计信息会降低民营上市公司的投资不足，但对民营上市公司的过度投资和国有控股上市公司没有明显的治理效应（蔡吉甫，2013）。许楠等（2019）考虑到公司代理问题对公司研发投入的影响，对公司盈余管理进行控制，发现非创始人管理下的公司研发投入更多。因此，为避免盈余管理对公司非效率投资的影响，本书将盈余管理作为控制变量之一。

（6）第一大股东持股比例（Large1）。已有文献从不同方面检验了第一大股东持股比例对公司资本效率的影响，并且得出不同的研究结论。大股东持股比例对公司筹资的影响方面，李小军等（2007）的研究表明，第一大股东持股比例会降低公司利用私人债务降低代理成本的动机；李争光等（2016）通过实证检验表明，第一大股东持股比例与公司股权融资成本呈现不显著的正相关关系；叶德珠和李小林（2017）则认为，第一大股东持股比例能够降低公司债务资本成本。在大股东持股比例对公司投资的影响方面，潘玉香等（2016）认为，第一大股东持股比例增加时，股权集中度随之增强，不利于公司进行研发投资，企业的投资不足程度会加大。罗进辉等（2008）通过实证检验，发现第一大股东持股比例诱发了公司的过度投资。而武立东等（2016）的研究表明，第一大股东持股比例能够抑制公司过度投资，但会加剧公司的投资不足。为避免第一大股东持股比例对公司资本效率的影响，本书将第一大股东持股比例作为控制变量之一。

（7）公司规模（Size）。通常来讲，公司规模大小会影响公司的筹资能力，较大规模的公司筹资能力较强，并有着较低的筹资成本。为避免公司规模对公司资本效率的影响，本书将其作为控制变量之一。

（8）考虑红利再投资的年个股回报收益率（Ret）。已有文献表明，公司年个股回报收益率同样会影响公司资本效率。范勇福（2006）认为，公司收益率较高时，会给公司带来较高的代理成本，这有可能会降低公司的投资效率；宋建波等（2017）的研究则表明，公司管理层有可能会因为追求公司收益而选择更加稳健的投资项目。为避免考虑红利再投资的公司年个股回报收益率对公司资本效率的影响，本书将其作为控制变量之一。

（9）产权性质（Soe）。产权性质同样会影响公司筹资成本、资本配置效率和资本产出效率。因此，本书对公司产权性质进行控制。

此外，本章还控制了年份（Year）和行业（Indus）虚拟变量。具体变量定义如表4-2所示。

表4-2　　　　　　　　　　　　　　变量定义

变量符号	变量名称	变量定义
Zrxl	公司资本效率	分别以公司资本形成效率（Fcr）、公司资本配置效率（Absinv）和公司资本产出效率（Tfp）来度量公司资本效率
Fdgm	网络中心度	重仓持股 i 公司基金的程度中心度本年度均值
Fnbm		重仓持股 i 公司基金的中介中心度本年度均值

变量符号	变量名称	变量定义
Tunnel	大股东占款	期末其他应收款/（期初总资产＋期末总资产）/2
Lev	资产负债率	期末总负债/期末总资产
Board	董事会规模	期末董事会成员人数的自然对数
Meet	董事会会议次数	公司本年度召开董事会会议的自然对数
Ada	盈余管理	根据修正的琼斯模型，分年度、行业回归求取残差，并以残差绝对值作为公司盈余管理的代理变量
Large1	第一大股东持股比例	公司期末第一大股东持股比例
Size	公司规模	公司年末总资产的自然对数
Ret	考虑红利再投资的公司年个股回报收益率	（n 股在 t 年的最后一个交易日的考虑现金红利再投资的日收盘价的可比价格/n 股在 t−1 年的最后一个交易日的考虑现金红利再投资的日收盘价的可比价格）−1
Soe	产权性质	公司期末最终控制人为国家时取 1，反之取 0
Year	年份虚拟变量	样本期间为 2012～2021 年，控制年份时间效应
Indus	行业虚拟变量	参照证监会 2012 年行业分类标准（剔除金融和保险业）

4.2.3　研究模型

为了检验假设 4−1a 和 4−1b，本书构建了模型（4−8）进行回归分析。并在模型（4−8）的基础上，通过分组回归检验假设 4−1a 和 4−1b。

$$Zrxl_{it} = \alpha + \beta CenX_{it}(SoicenX_{it}, LoicenX_{it}) + \gamma Controls$$

$$+ \sum Year + \sum Indus + \varepsilon_{it} \qquad (4-8)$$

其中，$Zrxl_{it}$ 表示公司资本效率，为统一前后的研究口径，本书考虑公司资本非效率性，即统一以公司非效率融资、公司非效率投资和公司非效率资本产出对公司资本效率进行衡量。$CenX_{it}$ 表示基金网络中心度。Controls 表示所有控制变量。如果 $CenX_{it}$ 的系数显著为正，说明假设 4−1a 成立；如果显著为负，说明假设 4−1b 成立。进一步，鉴于基金持股期限

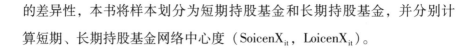

的差异性，本书将样本划分为短期持股基金和长期持股基金，并分别计算短期、长期持股基金网络中心度（$SoicenX_{it}$，$LoicenX_{it}$）。

4.2.4 分组标准

参照已有研究，本书将样本划分为短期持股基金和长期持股基金。计算方法如下：

第一，计算 k 基金的总买入或总卖出：

$$CR\_buy_{kt} = \sum_{\substack{i=1 \\ s_{kit} > s_{kit-1}}}^{N_k} |S_{kit}P_{it} - S_{kit-1}P_{it-1} - S_{kit}\Delta P_{it}| \quad (4-9)$$

$$CR\_sell_{kt} = \sum_{\substack{i=1 \\ s_{kit} \leqslant s_{kit-1}}}^{N_k} |S_{kit}P_{it} - S_{kit-1}P_{it-1} - S_{kit}\Delta P_{it}| \quad (4-10)$$

其中，CR_buy_{kt} 和 CR_sell_{kt} 分别表示 k 基金在第 t 期的总买入和总卖出；P_{it} 和 ΔP_{it} 分别表示 k 基金在第 t 期持有 i 股票的价格和当期股票价格与上期股票价格之差；S_{kit} 和 S_{kit-1} 分别表示 k 基金在第 t 期和第 t−1 期持有 i 股票的数量。当 $s_{kit} > s_{kit-1}$，表明 k 基金在第 t 期买入了 i 股票；当 $s_{kit} \leqslant s_{kit-1}$，表明 k 基金在第 t 期卖出了 i 股票。

$$CR_{kt} = \frac{\min(CR\_buy_{kt}, CR\_sell_{kt})}{\sum_{i=1}^{N_k} \dfrac{S_{kit}P_{it} + S_{kit-1}P_{it-1}}{2}} \quad (4-11)$$

第二，计算 k 基金过去一年的平均流动率：

$$AVG\_CR_{kT} = \frac{1}{2}(CR_{kt} + CR_{kt-1}) \quad (4-12)$$

将基金按照 AVG_CR_{kT} 的大小分成三组，其中，最高组为短期持股基金，最低组为长期持股基金。

第三，分别计算持有 i 股票的短期、长期持股基金网络中心度，用 $SoicenX_{it}$、$LoicenX_{it}$ 表示。

4.3　实证结果分析

4.3.1　描述性统计分析

表 4 - 3 对样本中被解释变量、解释变量以及模型中所有其他控制变量的平均值、标准差、中位数、最大值和最小值等指标进行了全样本的描述性统计分析。如表 4 - 3 所示，以财务风险调整后的公司融资效率（Fcr）的最大值与最小值相差 10.711，标准差为 3.345，说明不同公司之间的公司融资效率存在较大差异。公司非效率投资（Absinv）的平均值为 - 3.582，中位数为 - 3.416，且其最大值与最小值相差 6.403，标准差为 1.128，说明各公司普遍存在非效率投资情况，且公司间的非效率投资差异较大。基金程度中心度（Fdgm）的平均值为 - 0.985，中位数为 - 0.430，平均值小于中位数，最大值与最小值相差 11.725，标准差为 2.146，说明各基金间程度中心度的差异较大。基金中介中心度（Fnbm）的均值为 - 4.060，中位数为 - 0.430，平均值大于中位数，最大值与最小值相差 13.79，标准差为 1.664，说明各基金间中介中心度的差异较大。控制变量中资产负债率（Lev）的平均值和中位数接近，说明样本数据近似于正态分布，最大值为 0.972，最小值为 0.014，标准差为 0.192，说明不同公司的资产负债率有着较大的差异。董事会规模（Board）的平均值和中位数接近，说明样本数据近似接近于正态分布。最大值为 2.773，最小值为 1.386，标准差为 0.196，说明公司间董事会人数的差异较大。董事会召开会议次数（Meet）的平均值和中位数相近，说明样本数据近似接近于正态分布。最大值为 4.060，最小值为 0.094，标准差为 0.783，说明不同公司董事会召开会议的次数存在着较大差异。公司盈余管理（Ada）的最大值为 0.575，最小值为 0，标准差为 0.056，说明并非所有公司存

在盈余管理行为，不同公司的会计信息质量存在着一定差异。

表 4 - 3　　　　　　　　　　　　主要变量描述性统计

变量	样本量	平均值	标准差	中位数	最大值	最小值
Fcr	16210	2.021	3.345	-0.269	8.296	-2.415
Absinv	16210	-3.582	1.128	-3.416	-0.955	-7.358
Tfp	16210	-11.191	1.268	-11.074	-8.577	-14.373
Fdgm	16210	-0.985	2.146	-0.430	2.200	-9.525
Fnbm	16210	-4.060	1.664	-0.430	-0.026	-13.816
Large1	16210	0.307	0.161	0.291	0.891	0.019
Lev	16210	0.429	0.192	0.422	0.972	0.014
Ada	16210	0.054	0.056	0.038	0.575	0.000
Meet	16210	1.555	0.783	1.609	4.060	0.094
Board	16210	2.123	0.196	2.197	2.773	1.386
Tunnel	16210	0.014	0.022	0.007	0.340	0.000
Ret	16210	0.100	0.400	0.033	2.275	-0.593
Size	16210	22.410	1.216	22.246	28.520	19.148
Soe	16210	0.363	0.481	0.000	1.000	0.000

4.3.2　回归结果分析

表 4 - 4 是假设 4 - 1 的回归结果。其中，列（1）、列（2）是基金网络中心度对公司非效率融资的影响，列（3）、列（4）是基金网络中心度对公司非效率投资的影响，列（5）、列（6）是基金网络中心度对公司非效率资本产出的影响。回归结果显示，基金网络中心度与公司非效率融资在 1% 水平上显著正相关，基金网络中心度与公司非效率投资在 1% 水平上显著正相关，说明基金之间较多的直接与间接联结导致公司非效率投资行为的产生。基金网络中心度与公司非效率资本产出在 1% 水平上显著正相关，说明基金与其他基金存在的直接与间接联结越多，越会降低公司资本产出效率，进一步验证了本书的假设 4 - 1b。

表 4 - 4　　　　　　　　　　基金网络中心度与公司资本效率

变量	Fcr (1)	Fcr (2)	Absinv (3)	Absinv (4)	Tfp (5)	Tfp (6)
Fdgm	0.015 *** (3.07)		0.028 *** (4.21)		0.041 *** (5.90)	
Fnbm		0.022 *** (5.04)		0.028 *** (3.94)		0.020 *** (2.71)
Large1	− 0.338 *** (− 9.30)	− 0.298 *** (− 8.76)	− 0.101 ** (− 2.01)	− 0.101 * (− 1.84)	− 0.148 *** (− 2.78)	− 0.119 ** (− 2.11)
Lev	− 0.367 *** (− 10.32)	− 0.273 *** (− 8.15)	0.149 *** (3.03)	0.167 *** (3.07)	0.046 (0.88)	0.024 (0.43)
Ada	0.578 *** (5.99)	0.401 *** (4.46)	1.299 *** (9.75)	1.361 *** (9.34)	1.509 *** (10.71)	1.406 *** (9.44)
Meet	0.017 (0.99)	0.001 (0.04)	0.035 (1.48)	0.036 (1.41)	0.144 *** (5.72)	0.149 *** (5.70)
Board	0.156 *** (5.34)	0.112 *** (4.03)	− 0.124 *** (− 3.09)	− 0.113 ** (− 2.52)	− 0.409 *** (− 9.62)	− 0.281 *** (− 6.11)
Tunnel	− 0.778 *** (− 2.74)	− 0.479 * (− 1.78)	0.678 * (1.73)	0.696 (1.60)	− 0.515 (− 1.24)	− 0.649 (− 1.46)
Ret	0.075 *** (4.62)	0.067 *** (4.56)	0.175 *** (7.78)	0.173 *** (7.26)	0.075 *** (3.13)	0.055 ** (2.25)
Size	− 0.022 *** (− 4.82)	− 0.026 *** (− 6.16)	− 0.057 *** (− 9.23)	− 0.062 *** (− 8.91)	0.050 *** (7.65)	0.006 (0.89)
Soe	− 0.037 *** (− 2.84)	− 0.050 *** (− 4.05)	− 0.064 *** (− 3.57)	− 0.074 *** (− 3.68)	− 0.129 *** (− 6.77)	− 0.156 *** (− 7.62)
Year	控制	控制	控制	控制	控制	控制
Indus	控制	控制	控制	控制	控制	控制
_cons	− 0.631 *** (− 5.30)	− 0.380 *** (− 3.44)	− 1.917 *** (− 11.67)	− 1.862 *** (− 10.40)	− 4.001 *** (− 23.04)	− 3.407 *** (− 18.63)
N	16210	16210	16210	16210	16210	16210
r2_a	0.939	0.934	0.692	0.605	0.953	0.935

注：*、**、*** 分别代表在显著性水平为 0.10、0.05 和 0.01 上显著；括号内为 t 值。

进一步，本书将样本划分为短期持股基金和长期持股基金，在计算出短期持股基金网络中心度和长期持股基金网络中心度的基础上，分别检验持股期限不同的基金网络中心度对公司资本效率的影响。回归结果如表4-5和表4-6所示，其中，表4-5是短期持股基金网络中心度与公司资本效率的回归结果，表4-6是长期持股基金网络中心度与公司资本效率的回归结果。在表4-5中，列（1）、列（2）分别是基金程度中心度、中介中心度对公司非效率融资的影响，列（3）、列（4）分别是基金程度中心度、基金中介中心度对公司非效率投资的影响，列（5）、列（6）分别是基金程度中心度、基金中介中心度对公司非效率资本产出的影响。回归结果显示，短期持股基金程度中心度、中介中心度与公司非效率融资、公司非效率投资、公司非效率资本产出均在1%水平上显著正相关。验证了本书假设4-2a，即较之长期持股基金网络中心度，短期持股基金网络中心度降低了公司的资本效率。

表4-5　　　　　　短期持股基金网络中心度与公司资本效率

变量	Fcr (1)	Fcr (2)	Absinv (3)	Absinv (4)	Tfp (5)	Tfp (6)
Fdgm	0.016*** (3.02)		0.033*** (3.73)		0.039*** (4.39)	
Fnbm		0.023*** (3.93)		0.036*** (3.71)		0.032*** (3.24)
Large1	-0.294*** (-6.16)	-0.290*** (-6.08)	-0.054 (-0.69)	-0.048 (-0.62)	-0.086 (-1.09)	-0.082 (-1.04)
Lev	-0.138*** (-2.98)	-0.139*** (-3.01)	0.182** (2.42)	0.181** (2.40)	-0.009 (-0.12)	-0.010 (-0.14)
Ada	0.365*** (2.88)	0.360*** (2.84)	1.501*** (7.28)	1.492*** (7.24)	1.325*** (6.33)	1.316*** (6.28)
Meet	0.005 (0.24)	0.009 (0.38)	0.000 (0.01)	0.006 (0.16)	0.121*** (3.29)	0.126*** (3.43)
Board	0.129*** (3.28)	0.133*** (3.39)	-0.074 (-1.15)	-0.068 (-1.07)	-0.262*** (-4.04)	-0.258*** (-3.98)
Tunnel	-0.239 (-0.65)	-0.245 (-0.67)	0.940 (1.57)	0.922 (1.55)	-0.457 (-0.75)	-0.481 (-0.79)

续表

变量	Fcr (1)	Fcr (2)	Absinv (3)	Absinv (4)	Tfp (5)	Tfp (6)
Ret	0.042 ** (1.96)	0.043 ** (2.02)	0.166 *** (4.81)	0.168 *** (4.89)	0.019 (0.54)	0.022 (0.64)
Size	−0.043 *** (−6.99)	−0.041 *** (−6.75)	−0.090 *** (−9.05)	−0.088 *** (−8.85)	−0.000 (−0.05)	0.000 (0.04)
Soe	−0.046 *** (−2.64)	−0.047 *** (−2.68)	−0.052 * (−1.84)	−0.054 * (−1.92)	−0.146 *** (−5.08)	−0.150 *** (−5.19)
Year	控制	控制	控制	控制	控制	控制
Indus	控制	控制	控制	控制	控制	控制
_cons	−0.177 (−1.14)	−0.202 (−1.30)	−1.336 *** (−5.30)	−1.382 *** (−5.49)	−3.119 *** (−12.18)	−3.172 *** (−12.39)
N	8062	8062	8062	8062	8062	8062
r2_a	0.932	0.932	0.597	0.597	0.934	0.934

注：*、**、***分别代表在显著性水平为 0.10、0.05 和 0.01 上显著；括号内为 t 值。

表 4 – 6   长期持股基金网络中心度与公司资本效率

变量	Fcr (1)	Fcr (2)	Absinv (3)	Absinv (4)	Tfp (5)	Tfp (6)
Fdgm	−0.000 (−0.03)		0.008 (0.66)		0.017 (1.36)	
Fnbm		0.006 (0.91)		0.011 (0.95)		−0.000 (−0.03)
Large1	−0.300 *** (−6.23)	−0.299 *** (−6.23)	−0.157 ** (−1.99)	−0.157 ** (−2.00)	−0.152 * (−1.87)	−0.153 * (−1.89)
Lev	−0.417 *** (−8.67)	−0.417 *** (−8.68)	0.157 ** (1.99)	0.156 ** (1.98)	0.057 (0.70)	0.055 (0.69)
Ada	0.409 *** (3.25)	0.406 *** (3.23)	1.233 *** (5.98)	1.229 *** (5.96)	1.499 *** (7.08)	1.500 *** (7.08)
Meet	0.006 (0.25)	0.006 (0.25)	0.068 * (1.88)	0.069 * (1.89)	0.171 *** (4.58)	0.172 *** (4.61)
Board	0.105 *** (2.69)	0.105 *** (2.69)	−0.152 ** (−2.39)	−0.152 ** (−2.39)	−0.295 *** (−4.52)	−0.295 *** (−4.52)

续表

变量	Fcr (1)	Fcr (2)	Absinv (3)	Absinv (4)	Tfp (5)	Tfp (6)
Tunnel	- 0. 888 ** (- 2. 28)	- 0. 888 ** (- 2. 28)	0. 383 (0. 60)	0. 381 (0. 60)	- 0. 823 (- 1. 25)	- 0. 826 (- 1. 26)
Ret	0. 101 *** (5. 00)	0. 100 *** (4. 96)	0. 179 *** (5. 41)	0. 179 *** (5. 40)	0. 085 ** (2. 50)	0. 087 ** (2. 56)
Size	- 0. 009 (- 1. 55)	- 0. 009 (- 1. 55)	- 0. 037 *** (- 3. 87)	- 0. 037 *** (- 3. 84)	0. 013 (1. 33)	0. 014 (1. 40)
Soe	- 0. 057 *** (- 3. 24)	- 0. 056 *** (- 3. 22)	- 0. 093 *** (- 3. 27)	- 0. 093 *** (- 3. 26)	- 0. 163 *** (- 5. 56)	- 0. 164 *** (- 5. 59)
Year	控制	控制	控制	控制	控制	控制
Indus	控制	控制	控制	控制	控制	控制
_cons	- 0. 718 *** (- 4. 53)	- 0. 702 *** (- 4. 45)	- 2. 326 *** (- 8. 97)	- 2. 323 *** (- 8. 99)	- 3. 685 *** (- 13. 83)	- 3. 734 *** (- 14. 06)
N	8148	8148	8148	8148	8148	8148
r2_a	0. 937	0. 937	0. 612	0. 612	0. 936	0. 936

注：* 、** 、*** 分别代表在显著性水平为 0. 10、0. 05 和 0. 01 上显著；括号内为 t 值。

表 4 - 6 是长期持股基金网络中心度对公司资本效率的影响。其中，列（1）、列（2）是长期持股基金程度中心度、中介中心度对公司非效率融资的影响，列（3）、列（4）是长期持股基金程度中心度、中介中心度对公司非效率投资的影响，列（5）、列（6）是长期持股基金程度中心度、中介中心度对公司非效率资本产出的影响。回归结果显示，长期持股基金网络中心度与公司非效率融资、公司非效率投资和公司非效率资本产出均不具有统计意义上的显著性，说明长期持股基金关系网络对公司资本效率没有显著影响。

4.4 进一步分析

前文的实证结果表明，基金网络中心度会导致公司资本非效率情况

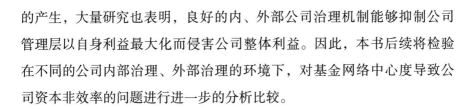

的产生，大量研究也表明，良好的内、外部公司治理机制能够抑制公司管理层以自身利益最大化而侵害公司整体利益。因此，本书后续将检验在不同的公司内部治理、外部治理的环境下，对基金网络中心度导致公司资本非效率的问题进行进一步的分析比较。

4.4.1 基金网络中心度、公司内部治理环境与公司资本效率

如前文所述，基金网络中心度不利于降低信息不对称性，由此带来的管理层机会主义行为是公司资本非效率行为产生的主要原因。例如，信息不对称带来的金融摩擦会提高公司的外部融资成本（Myers & Majluf，1984）；斯坦（Stein，1996）研究表明，公司内部严重代理问题和信息不对称是投资效率低下的重要原因。

而较低的投资效率进而会带来生产效率的下降，从而影响公司整体的资本效率。作为一系列的制度安排，公司治理机制能够改善信息不对称、缓解代理问题从而提升公司效率。良好的公司治理机制有助于约束公司激进的投资行为，缓解投资过度；同时，还能够向市场传递公司运作规范、投资收益高等信息，降低外部投资者与管理者之间关于公司运营信息的不对称，降低公司的融资约束，防止公司投资不足。因此，我们认为，尽管基金信息传递带来的股票价格偏离会诱导管理层的非效率投资行为，但是良好的公司治理机制通过对管理层的约束，一定程度上能够缓解这种不利影响。

为检验公司治理水平的调节作用，在模型（4-8）的基础上，本书以上市公司的公司治理水平得分中位数为界，划分为高水平公司治理组（见表4-7）和低水平公司治理组（见表4-8），分别检验基金网络中心度对两组样本公司资本非效率性的影响。在公司治理水平的综合得分方面，本书参照冈珀等（Gomper et al.，2003）、王艳和谢获宝（2018）的做法，通过打分的方式给16个公司治理变量分别赋分0或1，以所有变

量的总分值作为 GIM 指数，评价公司治理机制，其中，GIM 最大值为 16 分，最小值为 0 分。

表 4-7   基金网络中心度、高水平公司治理与公司资本效率

变量	Fcr (1)	Fcr (2)	Absinv (3)	Absinv (4)	Tfp (5)	Tfp (6)
Fdgm	0.018 * (1.73)		0.023 ** (2.01)		0.018 ** (2.06)	
Fnbm		0.016 (1.55)		0.018 * (1.76)		0.028 ** (2.08)
Large1	−0.464 *** (−6.98)	−0.495 *** (−7.55)	−0.097 (−1.35)	−0.453 *** (−7.13)	0.491 *** (9.02)	−0.106 (−1.27)
Lev	−0.513 *** (−7.64)	−0.493 *** (−7.43)	0.125 * (1.71)	−0.361 *** (−5.55)	0.816 *** (14.83)	0.156 * (1.82)
Ada	0.893 *** (4.86)	0.851 *** (4.58)	1.018 *** (4.97)	0.671 *** (3.74)	1.586 *** (10.28)	1.101 *** (4.68)
Meet	0.065 ** (1.96)	0.067 ** (2.08)	0.102 *** (2.86)	0.043 (1.43)	0.100 *** (3.73)	0.108 *** (2.73)
Board	0.370 *** (6.93)	0.354 *** (6.59)	−0.011 (−0.18)	0.300 *** (5.72)	−0.096 ** (−2.15)	−0.006 (−0.09)
Tunnel	−1.383 ** (−2.49)	−1.771 *** (−3.11)	−0.117 (−0.19)	−1.371 ** (−2.41)	2.047 *** (4.34)	−0.151 (−0.20)
Ret	0.115 *** (3.12)	0.111 *** (3.13)	0.164 *** (4.20)	0.092 *** (2.86)	−0.014 (−0.48)	0.166 *** (3.90)
Size	−0.003 (−0.37)	−0.003 (−0.37)	−0.000 (−0.01)	−0.006 (−0.77)	−0.039 *** (−6.26)	0.001 (0.07)
Soe	−0.047 ** (−2.08)	−0.054 ** (−2.37)	−0.077 *** (−3.10)	−0.082 *** (−3.71)	0.109 *** (5.81)	−0.090 *** (−3.08)
Year	控制	控制	控制	控制	控制	控制
Indus	控制	控制	控制	控制	控制	控制
_cons	−1.476 *** (−6.69)	−1.543 *** (−6.91)	−3.363 *** (−13.67)	−1.300 *** (−6.16)	3.283 *** (17.71)	−3.392 *** (−12.24)
N	7006	7006	7006	7006	7006	7006
r2_a	0.936	0.937	0.773	0.939	0.375	0.717

注：*、**、***分别代表在显著性水平为 0.10、0.05 和 0.01 上显著；括号内为 t 值。

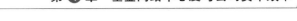

表 4 - 8　　　　基金网络中心度、低水平公司治理与公司资本效率

变量	Fcr (1)	Fcr (2)	Absinv (3)	Absinv (4)	Tfp (5)	Tfp (6)
Fdgm	0.011 ** (2.49)		0.026 *** (3.22)		0.025 *** (2.99)	
Fnbm		0.021 *** (4.82)		0.026 *** (3.09)		0.029 *** (5.28)
Large1	− 0.037 *** (− 6.57)	− 0.039 *** (− 7.50)	− 0.122 *** (− 12.51)	− 0.128 *** (− 12.20)	− 0.000 (− 0.02)	0.145 *** (21.41)
Lev	− 0.023 (− 1.53)	− 0.022 (− 1.59)	− 0.044 * (− 1.70)	− 0.052 * (− 1.87)	− 0.136 *** (− 5.14)	− 0.016 (− 0.87)
Ada	− 0.209 *** (− 5.26)	− 0.185 *** (− 5.02)	− 0.089 (− 1.28)	− 0.082 (− 1.11)	− 0.126 * (− 1.77)	− 0.576 *** (− 12.12)
Meet	− 0.284 *** (− 7.42)	− 0.226 *** (− 6.36)	0.232 *** (3.50)	0.249 *** (3.52)	− 0.016 (− 0.24)	− 0.946 *** (− 20.62)
Board	0.350 *** (3.48)	0.217 ** (2.33)	1.402 *** (8.00)	1.443 *** (7.79)	1.299 *** (7.23)	− 1.048 *** (− 8.74)
Tunnel	− 0.000 (− 0.01)	− 0.011 (− 0.64)	0.004 (0.11)	0.003 (0.08)	0.113 *** (3.46)	− 0.112 *** (− 5.20)
Ret	0.041 (1.30)	0.002 (0.06)	− 0.153 *** (− 2.74)	− 0.141 ** (− 2.34)	− 0.219 *** (− 3.84)	− 0.078 ** (− 2.00)
Size	− 0.330 (− 1.13)	− 0.139 (− 0.51)	0.621 (1.22)	0.598 (1.10)	− 0.381 (− 0.73)	0.040 (0.11)
Soe	0.060 *** (3.73)	0.055 *** (3.77)	0.151 *** (5.36)	0.147 *** (5.05)	0.072 ** (2.49)	0.033 * (1.76)
Year	控制	控制	控制	控制	控制	控制
Indus	控制	控制	控制	控制	控制	控制
_cons	− 0.095 (− 0.71)	0.097 (0.78)	− 0.629 *** (− 2.70)	− 0.547 ** (− 2.21)	− 3.242 *** (− 13.57)	− 4.833 *** (− 30.18)
N	9204	9204	9204	9204	9204	9204
r2_a	0.935	0.912	0.579	0.453	0.923	0.382

注： * 、 ** 、 *** 分别代表在显著性水平为 0.10、0.05 和 0.01 上显著；括号内为 t 值。

表4-7是在高水平公司治理组中，基金网络中心度对公司资本非效率的影响。其中，列（1）、列（2）是在高水平公司治理组中，基金网络中心度对公司非效率融资的影响，列（3）、列（4）是在高水平公司治理组中，基金网络中心度对公司非效率投资的影响，列（5）、列（6）是在高水平公司治理组中，基金网络中心度对公司非效率资本产出的影响。回归结果显示，在高水平公司治理组中，基金网络程度中心度与公司非效率融资、非效率投资、非效率资本产出分别在10%、5%和5%水平上显著为正；基金网络中介中心度与公司非效率投资和公司非效率资本产出在5%水平上显著为正，与公司非效率融资不具有统计意义上的显著性。这说明高水平的公司治理一定程度能够抑制基金网络中心度对公司资本效率的不利影响。

表4-8是在低水平公司治理组中，基金网络中心度对公司资本非效率性的影响。其中，列（1）、列（2）是在低水平公司治理组中，基金网络中心度对公司非效率融资的影响，列（3）、列（4）是在低水平公司治理组中，基金网络中心度对公司非效率投资的影响，列（5）、列（6）是在低水平公司治理组中，基金网络中心度对公司非效率资本产出的影响。回归结果显示，在低水平公司治理组中，基金网络中心度的两个指标与公司非效率融资分别在1%和5%水平上显著正相关，基金网络中心度与公司非效率投资、公司非效率资本产出均在1%水平上显著正相关，说明当公司治理水平较低时，基金网络中心度诱发了公司资本的非效率性，一定程度上说明了良好的公司治理在缓解基金网络中心度对公司资本效率的不利影响中的重要作用。

4.4.2　基金网络中心度、外部治理环境与公司资本效率

除了公司内部治理环境的好坏对机构投资者行为产生影响外，我国的外部制度和治理环境也会对公司治理、个体行为产生重要影响（LaPorta et al.，1997）。除了持股动机和能力外，机构投资者的治理作用还取决于其所面临的地区投资者保护程度（Giannett & Koskinen，2010）。而由于我国各地区发展的不平衡，导致地区间的市场化进程、政企关系和法治水平出现较大差异，进而也会影响机构投资者的各种行为。地区投资者保护通常以各地区市场化指数进行反映（邵帅和吕长江，2015），涉及一个地区的经济、社会、法律体制等诸多方面。地区市场化指数包括政府与市场的关系、法治化水平、产品市场、要素市场和中介市场的发育程度、非国有经济的发展等（樊纲等，2011）。市场化进程是一种重要的外部治理机制，本身具有一定的治理功能。

我国正处于经济转型时期，制度环境对公司行为的影响更加显著，这体现在以下方面：第一，企业所面临的市场化进程水平越高，会计信息的信号传递功能就会越强，进而能够缓解基金网络中心度对公司资本效率的不利影响。市场化进程水平越高时，会计信息披露缓解投资者与经营者之间信息不对称的功能越强，在竞争机制的作用下，投资者决策对企业会计信息披露的依赖程度越高，这意味着，即便是处于信息劣势的机构投资者和个人投资者，在公司信息透明度增强的前提下，能够更为清楚地了解公司重要的经营信息，并据此作出相对理性的决策，这在一定程度上会缓解基金网络中心度对公司资本效率的不利影响。第二，完善制度环境，可以提高公司内部治理效率，降低公司管理层机会主义行为的同时，也会缓解基金网络中心度对公司资本效率的不利影响。信息披露作为公司治理的重要因素之一，增强了会计信息这种内部治理手段的监控效应，这意味着会计信息的治理功能更能有效地发挥，企业的道德风险与逆向选择行为等代理冲突得以缓解，交易成本与短期行为得到有效控制，因此，基金网络中心度带来的信息传递对公司管理层的不利影响在这一机制下会得到有效缓解，进而缓解基金网络中心度对公司资本效率的不利影响。第三，金融市场化与中介服务机构的发育使公司投融资更加便利，技术、资本和信息的流动更加顺畅，更低的信息披露与交易成本促进了企业信息透明度的提升，缓解了资本所有者与使用者之间的信息不对称，如前所述，信息不对称的降低有利于投资者作出相对理性的投资决策，进而降低其受到较高网络中心度基金信息传递的不利影响，从而缓解基金网络中心度对公司资本效率的不利影响。第四，投资者法律保护则可以通过公司治理模式、契约、诉讼和限制大股东控制权私利四个渠道影响会计透明度，这也会缓解基金网络中心度对公司资本效率的不利影响。

为检验外部治理环境在基金网络中心度与公司资本效率关系中的作用，采用王小鲁等（2021）的做法，用中国各省（区、市）的市场化水平来衡量地区投资者保护程度。因数据截至 2019 年，故借鉴杨兴全等（2014）的处理方法，推算 2020～2021 年的市场化指数。以 2015 年指数为例，等于 2014 年的指数加上 2011 年、2012 年、2013 年这三年相对于前一年指数增加值的平均数，以此类推。并按照市场化水平中位数，划分为投资者保护程度较高地区上市公司样本和投资者保护程度较低地区上市公司样本，并分组进行回归，分别考察不同市场化进程水平下，基金网络中心度对公司资本效率的影响。

回归结果如表 4-9 和表 4-10 所示，表 4-9 是在较好的外部治理环境样本中，基金网络中心度对公司资本效率的影响。列（1）、列（2）是在较好的外部治理环境样本中，基金网络中心度对公司非效率融资的影响，列（3）、列（4）是在较好的外部治理环境样本中，基金网络中心度对公司非效率投资的影响，列（5）、列（6）是在较好的外部治理环境样本中，基金网络中心度对公司非效率资本产出的影响。回归结果显示，当外部治理环境较好时，基金程度中心度和中介中心度对公司非效率融资、公司非效率投资和公司非效率资本产出均没有显著影响。这表明，较好的外部治理环境能够有效缓解基金网络对公司资本效率的不利影响。

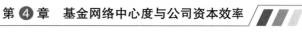

表 4 - 9 基金网络中心度、较好外部治理环境与公司资本效率

变量	Fcr (1)	Fcr (2)	Absinv (3)	Absinv (4)	Tfp (5)	Tfp (6)
Fdgm	0.002 (0.37)		0.016 (1.53)		0.015 (1.40)	
Fnbm		0.024 (0.08)		0.016 (1.52)		0.008 (0.72)
Large1	- 0.228 *** (- 5.74)	0.369 (0.15)	- 0.016 (- 0.20)	- 0.012 (- 0.13)	- 0.111 (- 1.32)	- 0.090 (- 1.04)
Lev	- 0.303 *** (- 7.59)	1.079 (0.44)	0.190 ** (2.29)	0.201 ** (2.33)	- 0.046 (- 0.54)	- 0.045 (- 0.51)
Ada	0.206 ** (2.02)	- 1.408 (- 0.23)	1.435 *** (6.76)	1.438 *** (6.60)	1.043 *** (4.82)	1.036 *** (4.72)
Meet	0.022 (1.20)	0.489 (0.43)	0.110 *** (2.86)	0.113 *** (2.87)	0.223 *** (5.69)	0.225 *** (5.68)
Board	0.106 *** (3.04)	1.751 (0.80)	- 0.024 (- 0.33)	- 0.008 (- 0.10)	- 0.156 ** (- 2.12)	- 0.094 (- 1.23)
Tunnel	0.101 (0.32)	- 5.593 (- 0.29)	1.235 * (1.90)	1.347 ** (1.97)	- 0.401 (- 0.60)	- 0.344 (- 0.50)
Ret	0.087 *** (5.33)	0.088 (0.09)	0.212 *** (6.23)	0.210 *** (6.07)	0.078 ** (2.24)	0.070 ** (2.01)
Size	- 0.029 *** (- 5.28)	- 0.094 (- 0.28)	- 0.070 *** (- 6.17)	- 0.073 *** (- 6.17)	- 0.006 (- 0.48)	- 0.025 ** (- 2.13)
Soe	- 0.048 *** (- 3.05)	- 0.247 (- 0.25)	- 0.063 * (- 1.90)	- 0.070 ** (- 2.05)	- 0.188 *** (- 5.58)	- 0.201 *** (- 5.82)
Year	控制	控制	控制	控制	控制	控制
Indus	控制	控制	控制	控制	控制	控制
_cons	- 0.365 ** (- 2.43)	- 3.263 (- 0.35)	- 1.910 *** (- 6.08)	- 1.893 *** (- 5.85)	- 3.340 *** (- 10.42)	- 3.110 *** (- 9.54)
N	6659	6659	6659	6659	6659	6659
r2_a	0.937	0.011	0.490	0.398	0.892	0.843

注：* 、 ** 、 *** 分别代表在显著性水平为 0.10、0.05 和 0.01 上显著；括号内为 t 值。

表4-10　　　基金网络中心度、较差外部治理环境与公司资本效率

变量	Fcr (1)	Fcr (2)	Absinv (3)	Absinv (4)	Tfp (5)	Tfp (6)
Fdgm	0.025 *** (3.28)		0.037 *** (4.35)		0.061 *** (6.62)	
Fnbm		0.027 *** (3.77)		0.038 *** (3.94)		0.031 *** (3.09)
Large1	−0.433 *** (−7.79)	−0.361 *** (−6.80)	−0.169 *** (−2.70)	−0.175 ** (−2.43)	−0.167 ** (−2.45)	−0.134 * (−1.79)
Lev	−0.403 *** (−7.51)	−0.274 *** (−5.33)	0.124 ** (2.06)	0.151 ** (2.15)	0.113 * (1.73)	0.079 (1.09)
Ada	0.863 *** (5.65)	0.613 *** (4.22)	1.132 *** (6.59)	1.242 *** (6.29)	1.860 *** (9.98)	1.716 *** (8.40)
Meet	0.008 (0.29)	−0.024 (−0.97)	−0.022 (−0.72)	−0.025 (−0.75)	0.101 *** (3.04)	0.103 *** (2.94)
Board	0.163 *** (3.85)	0.125 *** (3.05)	−0.165 *** (−3.46)	−0.164 *** (−2.94)	−0.514 *** (−9.94)	−0.377 *** (−6.55)
Tunnel	−1.544 *** (−3.56)	−1.164 *** (−2.81)	0.084 (0.17)	−0.019 (−0.03)	−0.527 (−1.00)	−0.827 (−1.42)
Ret	0.067 ** (2.42)	0.051 ** (2.06)	0.136 *** (4.40)	0.134 *** (3.99)	0.049 (1.47)	0.028 (0.80)
Size	−0.019 *** (−2.98)	−0.030 *** (−4.78)	−0.049 *** (−6.71)	−0.054 *** (−6.32)	0.080 *** (10.12)	0.027 *** (3.02)
Soe	−0.039 ** (−2.02)	−0.062 *** (−3.35)	−0.070 *** (−3.21)	−0.080 *** (−3.18)	−0.096 *** (−4.09)	−0.126 *** (−4.83)
Year	控制	控制	控制	控制	控制	控制
Indus	控制	控制	控制	控制	控制	控制
_cons	−0.616 *** (−3.56)	−0.254 (−1.57)	−1.829 *** (−9.39)	−1.738 *** (−7.90)	−4.344 *** (−20.54)	−3.567 *** (−15.67)
N	9551	9551	9551	9551	9551	9551
r2_a	0.934	0.935	0.757	0.687	0.964	0.954

注：* 、** 、*** 分别代表在显著性水平为 0.10、0.05 和 0.01 上显著；括号内为 t 值。

表4-10是在较差的外部治理环境样本中，基金网络中心度对公司资

本效率的影响。列（1）、列（2）是在较差的外部治理环境样本中，基金网络中心度对公司非效率融资的影响，列（3）、列（4）是在较差的外部治理环境样本中，基金网络中心度对公司非效率投资的影响，列（5）、列（6）是在较差的外部治理环境样本中，基金网络中心度对公司非效率资本产出的影响。回归结果显示，当外部治理环境较差时，基金网络中心度的两个指标与公司非效率融资、公司非效率投资和公司非效率资本产出均在 1% 水平上显著正相关。这说明较差的外部治理环境不利于公司信息不对称性的降低，不利于处于信息劣势的投资者做出理性投资行为，也不利于利益相关方对公司管理层的监督，这些均不利于缓解基金网络中心度对公司资本效率的不利影响。

4.5　稳健性检验和内生性检验

4.5.1　稳健性检验

1. 替换解释变量的稳健性检验

为检验结果的稳健性，我们采用一系列方法进行稳健性检验。首先，我们利用未按加权平均的基金网络中心度作为解释变量进行稳健性检验。表 4 – 11 是稳健性检验的结果，其中，列（1）、列（2）是未按持股比例进行加权的基金网络中心度对公司非效率融资的影响，列（3）、列（4）是未按持股比例进行加权的基金网络中心度对公司非效率投资的影响，列（5）、列（6）是未按持股比例进行加权的基金网络中心度对公司非效率资本产出的影响。回归结果显示，基金程度中心度和基金中介中心度与公司非效率融资、公司非效率投资和公司非效率资本产出均在 1% 水平上显著正相关，检验结果表明基金网络中心度不利于公司资本效率的提高。

表 4 – 11　　　　　　　　　替换解释变量的稳健性检验

变量	Fcr (1)	Fcr (2)	Absinv (3)	Absinv (4)	Tfp (5)	Tfp (6)
Fdgmz	0. 103 *** (25. 94)		0. 021 *** (5. 44)		0. 088 *** (20. 19)	
Fnbmz		0. 065 *** (10. 56)		0. 033 *** (5. 53)		0. 085 *** (12. 34)
Large1	− 0. 450 *** (− 11. 79)	− 0. 472 *** (− 12. 19)	− 0. 082 ** (− 2. 24)	− 0. 080 ** (− 2. 12)	− 0. 049 (− 1. 17)	− 0. 041 (− 0. 95)
Lev	− 0. 396 *** (− 10. 69)	− 0. 402 *** (− 10. 66)	0. 120 *** (3. 39)	0. 104 *** (2. 85)	0. 255 *** (6. 25)	0. 186 *** (4. 44)
Ada	0. 858 *** (8. 23)	0. 942 *** (8. 91)	1. 027 *** (10. 32)	1. 064 *** (10. 37)	1. 503 *** (13. 12)	1. 490 *** (12. 69)
Meet	0. 089 *** (4. 51)	0. 091 *** (4. 56)	0. 043 ** (2. 30)	0. 047 ** (2. 41)	0. 126 *** (5. 79)	0. 136 *** (6. 13)
Board	0. 332 *** (11. 08)	0. 291 *** (9. 57)	− 0. 117 *** (− 4. 09)	− 0. 120 *** (− 4. 06)	− 0. 487 *** (− 14. 77)	− 0. 494 *** (− 14. 63)
Tunnel	− 1. 363 *** (− 4. 65)	− 1. 388 *** (− 4. 53)	0. 514 * (1. 84)	0. 588 ** (1. 97)	− 0. 460 (− 1. 43)	− 0. 356 (− 1. 05)
Ret	0. 098 *** (5. 00)	0. 105 *** (5. 34)	0. 185 *** (9. 87)	0. 188 *** (9. 86)	0. 127 *** (5. 87)	0. 134 *** (6. 15)
Size	− 0. 056 *** (− 11. 43)	− 0. 039 *** (− 8. 08)	− 0. 049 *** (− 10. 41)	− 0. 045 *** (− 9. 53)	0. 119 *** (22. 17)	0. 131 *** (24. 21)
Soe	− 0. 040 *** (− 3. 04)	− 0. 044 *** (− 3. 25)	− 0. 049 *** (− 3. 88)	− 0. 051 *** (− 3. 89)	− 0. 098 *** (− 6. 74)	− 0. 101 *** (− 6. 76)
Year	控制	控制	控制	控制	控制	控制
Indus	控制	控制	控制	控制	控制	控制
_cons	− 0. 493 *** (− 3. 78)	− 0. 765 *** (− 5. 85)	− 2. 116 *** (− 16. 98)	− 2. 168 *** (− 17. 08)	− 5. 378 *** (− 37. 51)	− 5. 574 *** (− 38. 39)
N	16210	16210	16210	16210	16210	16210
r2_a	0. 934	0. 935	0. 805	0. 799	0. 971	0. 970

注：*、**、***分别代表在显著性水平为 0. 10、0. 05 和 0. 01 上显著；括号内为 t 值。

2. 替换被解释变量的稳健性检验

本书采用替换被解释变量的方法进行稳健性检验。在公司融资效率计算方面，除了融资风险和融资成本外，有学者认为应当将公司的融资收益考虑进去，即融资效率应当是综合考虑公司融资收益、融资成本和融资风险的计算结果：$FE = FI \times [1 - FC(1 + FR)] \times 100\%$，其中，FE 代表融资效率；FI 代表融资收益，本书以 ROE（净资产收益率）表示；FC 代表融资成本；FR 代表融资风险，FC 与 FR 的计算公式与前文一致，该指标值越大，融资效率越高，为统一指标计算口径，将该指标乘以（-1）以反映公司非效率融资。在公司投资效率计算方面，张琛和刘银国（2015）认为，可以用公司的托宾 Q 值作为公司成长机会值进行回归计算公司非效率投资。为保证研究结果的稳健性，本书将式（4-2）中的公司成长机会替换为托宾 Q 值进行回归，得出残差取绝对值衡量公司实际投资值偏离预期投资值的程度（公司非效率投资值）。在测定公司层面的全要素生产率方面，为避免内生性问题，一些文献会采用 OP 半参数法和 LP 半参数法（Olley & Pakes，1996；Levinsohn & Petrin，2003）。但 OP 方法估计会损失较多的样本数量，并且中国资本市场的扭曲也会影响这一方法的准确性（范剑勇等，2014），因此，本书采用 LP 方法对估算的 TFP 进行稳健性检验，该指标值越大，则公司全要素生产率越高，同理，为统一指标的核算口径，本书将该指标乘以（-1）以反映公司非效率资本产出。

稳健性检验结果如表 4-12 所示。列（1）、列（2）是替换公司非效率融资指标的回归结果，列（3）、列（4）是替换公司非效率投资的回归结果，列（5）、列（6）是替换公司非效率资本产出的回归结果。基金网络中心度的两个指标与公司非效率融资在 1% 水平上显著正相关，基金网络中心度的两个指标与公司非效率投资在 10% 水平上显著正相关，与公司非效率资本产出在 1% 水平上显著正相关，验证了本书实证结果的稳健性。

表 4 – 12 替换被解释变量的稳健性检验

变量	Fcrw (1)	Fcrw (2)	Absinvw (3)	Absinvw (4)	Tfpw (5)	Tfpw (6)
Fdgm	0.039 *** (7.24)		0.016 * (1.86)		0.017 *** (4.06)	
Fnbm		0.060 *** (10.96)		0.014 * (1.69)		0.037 *** (8.24)
Large1	− 0.303 *** (− 7.29)	− 0.260 *** (− 6.19)	− 0.070 (− 1.12)	− 0.074 (− 1.14)	− 0.461 *** (− 14.66)	− 0.478 *** (− 13.98)
Lev	− 0.513 *** (− 12.60)	− 0.628 *** (− 15.21)	− 0.097 (− 1.52)	− 0.094 (− 1.41)	− 0.681 *** (− 22.11)	− 0.715 *** (− 21.26)
Ada	1.309 *** (11.85)	1.279 *** (11.56)	1.181 *** (6.71)	1.206 *** (6.63)	− 0.767 *** (− 9.19)	− 0.906 *** (− 10.04)
Meet	− 0.026 (− 1.34)	− 0.040 ** (− 2.04)	0.209 *** (6.63)	0.197 *** (6.20)	− 0.117 *** (− 7.82)	− 0.111 *** (− 6.99)
Board	− 1.018 *** (− 30.57)	− 0.848 *** (− 24.78)	0.040 (0.77)	0.016 (0.30)	− 0.037 (− 1.46)	− 0.016 (− 0.58)
Tunnel	2.364 *** (7.27)	2.384 *** (7.20)	− 0.732 (− 1.50)	− 0.721 (− 1.41)	− 0.272 (− 1.11)	− 0.204 (− 0.76)
Ret	0.115 *** (6.17)	0.084 *** (4.62)	0.014 (0.54)	0.015 (0.57)	0.031 ** (2.19)	0.028 * (1.92)
Size	− 0.618 *** (− 120.11)	− 0.676 *** (− 128.61)	− 0.082 *** (− 9.91)	− 0.075 *** (− 8.52)	0.025 *** (6.36)	0.025 *** (5.79)
Soe	− 0.073 *** (− 4.86)	− 0.080 *** (− 5.21)	− 0.200 *** (− 8.63)	− 0.197 *** (− 8.07)	− 0.046 *** (− 4.03)	− 0.049 *** (− 3.92)
Year	控制	控制	控制	控制	控制	控制
Indus	控制	控制	控制	控制	控制	控制
_cons	− 5.184 *** (− 38.11)	− 4.223 *** (− 31.05)	− 2.264 *** (− 10.79)	− 2.331 *** (− 10.77)	0.887 *** (8.62)	0.940 *** (8.48)
N	16210	16210	16210	16210	16210	16210
r2_a	0.992	0.989	0.095	0.097	0.314	0.331

注：*、**、***分别代表在显著性水平为0.10、0.05和0.01上显著；括号内为t值。

3. 公司层面的聚类标准误稳健性检验

为了保证研究结论的稳健性，本书尝试对回归模型的标准误进行公司层面的聚类调整。稳健性检验结果如表 4 - 13 所示。列（1）、列（2）是基金网络中心度与公司非效率融资在公司层面的标准误聚类分析，列（3）、列（4）是基金网络中心度与公司非效率投资在公司层面的标准误聚类分析，列（5）、列（6）是基金网络中心度与公司非效率资本产出在公司层面的标准误聚类分析。在对回归模型的标准误进行公司层面的聚类调整后，基金网络中心度与公司非效率融资、公司非效率投资和公司非效率资本产出均在1%水平上显著正相关，验证了前文实证结果的稳健性。

表 4 - 13　　　　　　　　　公司层面的标准误聚类分析

变量	Fcr (1)	Fcr (2)	Absinv (3)	Absinv (4)	Tfp (5)	Tfp (6)
Fdgm	0.015 *** (3.95)		0.028 *** (3.85)		0.041 *** (5.73)	
Fnbm		0.022 *** (6.84)		0.028 *** (3.57)		0.020 *** (2.69)
Large1	− 0.338 *** (−5.87)	− 0.298 *** (−5.80)	− 0.101 (−1.26)	− 0.101 (−1.17)	− 0.148 * (−1.87)	− 0.119 (−1.49)
Lev	− 0.367 *** (−6.39)	− 0.273 *** (−5.34)	0.149 * (1.91)	0.167 ** (1.96)	0.046 (0.53)	0.024 (0.28)
Ada	0.578 *** (4.09)	0.401 *** (3.33)	1.299 *** (6.16)	1.361 *** (6.03)	1.509 *** (7.38)	1.406 *** (6.61)
Meet	0.017 (0.78)	0.001 (0.03)	0.035 (0.94)	0.036 (0.93)	0.144 *** (4.01)	0.149 *** (4.12)
Board	0.156 *** (3.46)	0.112 *** (2.76)	− 0.124 ** (−2.03)	− 0.113 * (−1.68)	− 0.409 *** (−4.62)	− 0.281 *** (−3.49)
Tunnel	− 0.778 * (−1.82)	− 0.479 (−1.17)	0.678 (1.20)	0.696 (1.12)	− 0.515 (−0.91)	− 0.649 (−1.09)

续表

变量	Fcr (1)	Fcr (2)	Absinv (3)	Absinv (4)	Tfp (5)	Tfp (6)
Ret	0.075 *** (5.67)	0.067 *** (5.27)	0.175 *** (5.64)	0.173 *** (5.52)	0.075 ** (2.27)	0.055 * (1.68)
Size	−0.022 *** (−2.71)	−0.026 *** (−3.77)	−0.057 *** (−4.66)	−0.062 *** (−4.48)	0.050 *** (3.77)	0.006 (0.47)
Soe	−0.037 (−1.59)	−0.050 ** (−2.39)	−0.064 ** (−2.20)	−0.074 ** (−2.28)	−0.129 *** (−4.27)	−0.156 *** (−5.02)
Year	控制	控制	控制	控制	控制	控制
Indus	控制	控制	控制	控制	控制	控制
_cons	−0.631 *** (−3.50)	−0.380 ** (−2.41)	−1.917 *** (−6.29)	−1.862 *** (−5.67)	−4.001 *** (−12.62)	−3.407 *** (−11.21)
N	16210	16210	16210	16210	16210	16210
r2_a	0.939	0.934	0.692	0.605	0.953	0.935

注：*、**、*** 分别代表在显著性水平为 0.10、0.05 和 0.01 上显著；括号内为 t 值。

4.5.2 内生性检验

尽管前文研究发现了基金网络中心度对公司资本效率的影响，但其因果关系还需要进一步识别。一方面，基金网络中心度带来的信息传递提高了公司资本效率。然而上市公司资本效率的提高，也可能导致基金网络中心度的变化。例如，公司资本效率的提高或降低会导致原网络中基金的加入或退出，这会带来基金直接或间接连接数量的变化，进而导致基金网络中心度发生变化，这就是可能的反向因果关系。另一方面，可能存在一些不可观测的变量同时影响基金网络中心度与上市公司资本效率。为了缓解内生性问题对本书造成的干扰，借鉴构造分组平均值作为工具变量的检验思路（Fisman & Svensson，2007），本书选取基金网络中心度的"行业—省份"均值作为工具变量，同时采用二阶段最小二乘法模型来对内生性问题进行控制。删除与公司省份合并的数据缺失值后，本书得到 16107 个"基金—公司—年"有效样本观测值。

表 4 – 14 是基金网络中心度工具变量法的两阶段回归结果，由于基金网络中心度与公司非效率融资没有统计意义上的显著性，因此本书只针对基金网络中心度与公司非效率投资和公司非效率资本产出进行工具变量法的两阶段回归。其中，F#dgm 和 F#nbm 是第一阶段回归结果的固定值。检验结果显示，在控制内生性问题的基础上，基金网络中心度与公司非效率投资和公司非效率资本产出之间依然在 1% 水平上显著正相关。一阶段回归结果显示的 F 值均大于 10（56.96、264、79.01、336.6），D – W 检验结果表明，p 值均大于 0.05（0.061、0.057、0.097、0.055），说明工具变量具有外生性。因此，模型的回归结果总体来说是稳定的，检验结果能够支持实证结论。

表 4 – 14　　　　　　　　工具变量的 2SLS 二阶段最小二乘法

变量	first Fdgm (1)	second Absinv (2)	first Fdgm (3)	second Tfp (4)	first Fnbm (5)	second Absinv (6)	first Fnbm (7)	second Tfp (8)
F#dgm	0.831 *** (0.110)		0.967 *** (0.060)					
F#nbm					0.720 *** (0.081)		0.965 *** (0.053)	
Fdgm		0.249 ** (0.119)		0.082 ** (0.037)				
Fnbm						0.194 * (0.101)		0.208 ** (0.090)
Large1	− 0.178 ** (0.073)	− 0.305 *** (0.070)	− 0.123 * (0.072)	− 0.562 *** (0.043)	− 0.214 *** (0.072)	− 0.312 *** (0.069)	− 0.173 ** (0.071)	− 0.616 *** (0.119)
Lev	− 0.132 ** (0.065)	− 0.391 *** (0.060)	− 0.0566 (0.064)	− 1.280 *** (0.038)	− 0.0194 (0.064)	− 0.422 *** (0.057)	− 0.0910 (0.063)	− 1.158 *** (0.105)
Ada	− 0.013 (0.186)	1.767 *** (0.167)	− 0.069 (0.184)	− 1.143 *** (0.109)	0.343 * (0.183)	1.698 *** (0.169)	0.428 ** (0.181)	0.591 * (0.302)

续表

变量	first Fdgm (1)	second Absinv (2)	first Fdgm (3)	second Tfp (4)	first Fnbm (5)	second Absinv (6)	first Fnbm (7)	second Tfp (8)
Meet	0.018 (0.033)	0.014 (0.030)	0.036 (0.032)	−0.129*** (0.019)	−0.082** (0.032)	0.037 (0.030)	−0.047 (0.032)	−0.026 (0.054)
Board	−0.089 (0.062)	−0.110* (0.057)	−0.043 (0.061)	0.124*** (0.036)	−0.199*** (0.061)	−0.093 (0.059)	−0.167*** (0.060)	−0.033 (0.102)
Tunnel	−0.410 (0.572)	1.288** (0.517)	−0.619 (0.567)	−1.118*** (0.336)	0.106 (0.565)	1.164** (0.509)	0.111 (0.559)	0.079 (0.927)
Ret	0.220*** (0.024)	0.065** (0.033)	0.083*** (0.025)	0.034** (0.016)	0.200*** (0.024)	0.076** (0.030)	0.196*** (0.024)	0.086** (0.043)
Size	0.026*** (0.003)	0.031*** (0.005)	−0.003 (0.004)	0.005*** (0.002)	−0.011*** (0.002)	0.043*** (0.002)	−0.008*** (0.002)	0.068*** (0.004)
Soe	−0.132*** (0.027)	−0.049* (0.030)	−0.106*** (0.027)	0.010 (0.017)	−0.073*** (0.027)	−0.069*** (0.026)	−0.051* (0.027)	−0.061 (0.044)
Year	控制	控制	控制	控制	控制	控制	控制	控制
Indus	控制	控制	控制	控制	控制	控制	控制	控制
Constant	−298.6*** (33.27)	−65.77*** (20.65)	14.16 (20.18)	19.06 (11.80)	−189.1*** (33.42)	−99.80*** (18.02)	62.28*** (18.83)	−48.45 (31.63)
N	16107	16107	16107	16107	16107	16107	16107	16107
R−squared	0.069	0.043	0.084	0.195	0.021	0.067	0.040	0.076
IV F−stat		56.96		264		79.01		336.6
D−p		0.061		0.057		0.097		0.055

注：*、**、***分别代表在显著性水平为0.10、0.05和0.01上显著；括号内为t值。

4.6 本章小结

本章基于社会网络理论，借鉴社会网络分析方法，探究基金网络中心度对公司资本效率的影响，以及持股期限不同的基金网络中心度对公司资本效率的影响。在此基础上，本章进一步实证检验了公司信息透明度在基金网络中心度与公司资本效率关系中的中介作用、公司内外部治理环境对基金网络中心度与公司资本效率关系的调节作用。

研究结果表明，首先，基金网络中心度会降低公司资本效率，基金网络中心度会降低公司信息透明度，不利于降低公司的信息不对称性，进而降低公司的资本效率。并且较之长期持股基金网络中心度，短期持股基金网络中心度对公司资本效率的负向影响程度更大。基金网络中心度的信息传递属于一种非正式信息渠道，其作用受到公司所处内外部治理环境的影响。较高的公司内部治理水平和外部市场化程度能够有效缓解基金网络中心度对公司资本效率的不利影响。其次，本书在稳健性检验中考虑了指标替代和样本区间问题，同时也考虑到由于可能遗漏变量导致内生性问题，进行了代理变量的两阶段最小二乘法（2SLS），证明以上研究结论稳健。

研究结论表明，基金网络中心度能够影响基金信息的获取及传递，并且这种信息传递带来的信息效应会作用于基金投资行为，并进而影响公司行为，说明在资本市场的运作与维护过程中，基金网络中心度成为监管层应当予以考虑的重要因素之一。同时，由于我国资本市场发展不全面不成熟的现实情况，因而我国公司所处的治理环境尚有改进空间，以改善基金网络中心度对公司资本效率的不利影响。

第**5**章

QFII 网络中心度与公司资本效率

QFII 网络中心度产生的信息效应和治理效应会对公司业绩产生影响，不同持股期限的 QFII 网络中心度对公司业绩的影响也存在差异（乔琳等，2019）。因此本章首先检验 QFII 网络中心度产生的信息效应对公司资本效率的影响。其次，检验持股期限不同的 QFII 网络中心度对公司资本效率的影响，以考察持股期限在其中发挥的调节作用。在上述研究基础上，对 QFII 网络中心度影响公司资本效率的调节机制进行探究。

5.1 理论分析与研究假设

5.1.1 QFII 网络中心度与公司资本效率

QFII 作为外汇管制下资本市场制度创新的产物，经过二十余年的发展，已经成为我国资本市场中的重要参与者。根据 Wind 数据，2003 年底，我国 A 股市场中的 QFII 合计持股 20 家上市公司，持股市值约为 7.6

亿元，到 2021 年底时，我国 A 股市场 QFII 持股上市公司的数量上升至 1245 家，持股总市值约为 2390.79 亿元，持股规模持续增长。我国引入 QFII 的初衷在于以一种有限的方式放松对资本账户的外汇交易管制，并逐步开放资本市场，同时希望借助国外金融机构成熟的投资理念和管理技能来提高中国证券市场的质量，帮助我国培育健康稳定的股票市场环境。然而，由于新兴市场在法律制度环境等方面与境外成熟资本市场还有差距，机构投资者在其中能否扮演一种重要的公司治理角色还存在争议（Gillan & Starks，2003）。因此，合格境外机构投资者的引入是否能够对中国上市公司的行为产生影响，尚待实证检验。

已有关于 QFII 信息效应和治理效应对公司行为影响的研究存在正反两种结论。一种观点认为，QFII 会发挥积极的信息效应，在促进公司信息透明度提高的同时，也会积极参与公司治理，进而提升公司价值。首先，从信息效应角度讲，较之境内机构投资者，更具专业性的 QFII 的选股行为能够传递一种价值信号（唐跃军和宋渊洋，2010；李蕾和韩立岩，2013）。这能够吸引证券分析师和其他外部监督者的关注，从而降低公司的信息不对称。其次，从治理效应角度讲，QFII 可以通过"用脚投票"的方式向持股公司表达不满，还可以通过诉讼的方式对经理人进行监管，这些方式均对公司管理层形成了压力，一定程度上能够促使公司经理人改善公司的信息披露质量。另一种观点认为，QFII 并没有产生积极的信息效应，非但没有促进公司信息透明度的提高，其参与公司治理的积极性也不高，因此不利于公司价值的提升。首先，QFII 的交易行为会加剧资本市场中的羊群效应，进而降低信息透明度。QFII 的交易行为对资本市场中的其他投资者具有信号价值，甚至 QFII 持有的股票本身就是一个值得炒作的话题，容易成为其他投资者交易跟随的目标，因而 QFII 的引入不仅不会减弱，甚至有可能会加剧资本市场中的羊群效应，使私有信息融入股价的程度下降，不利于公司信息透明度的提高。其次，QFII 不会积极参与公司治理，进而导致对公司业绩的提升作用有限。例如，李蕾和韩立岩（2013）的研究表明，与国内机构投资者相比，QFII 普遍对被投资国的国情知之甚少，使它们只能选择被动的价值投资，而非积极地参与公司治理。

虽然有关 QFII 信息效应和治理效应对公司行为影响的研究较为丰富，但大多以 QFII 持股比例为基础进行探讨，并没有考虑由于共同持股形成的 QFII 网络连接程度对 QFII 信息效应和治理效应的影响。但事实是，QFII 之间并非独立的，而是相互连接、相互影响的。具体来说，第一，实务中存在的一些例子一定程度上表明 QFII 网络的客观存在性。例如，2012 年，耶鲁大学成为格力电器的股东，在格力董事会换届选举事件中，耶鲁大学高瓴资本与鹏华基金进行多方沟通，最终集中使用投票权，将冯继勇推选为格力电器的董事。此外，QFII 在 A 股市场的"抱团持股"行为尤为明显。例如，根据 Wind 数据库 2021 年的数据，美林证券、香港金融管理局、瑞银环球共同持股东阿阿胶；澳门金融管理局、挪威中央银行、阿布扎比投资局共同持股丽珠集团；魁北克储蓄投资集团、挪威中央银行、澳门金融管理局、加拿大年金计划投资委员会共同持股北新建材；摩根大通银行、德弘美元基金、瑞士联合银行、美林证券、摩根士丹利等 QFII 共同持股东方雨虹；挪威中央银行、阿布扎比投资局、澳门金融管理局共同持股海大集团；美林证券、瑞士联合银行、普信投资、摩根士丹利等 QFII 共同持股双环传动等。由于我国相关法律法规对所有 QFII 持有同一家上市公司的股份总和有 30% 的比例限制，因此，持股同一家上市公司的几家 QFII 持股行为的一致性绝非偶然。第二，大量研究也表明，社会网络广泛存在于金融市场中（李培馨等，2013）。机构投资者（包括 QFII）之间不是相互独立隔离的，而是存在于基于不同标的所形成的网络中，并会影响公司的经营决策，其中就包括基于共同持股形成的网络。

社会网络理论认为，个人或组织能够通过所处网络获得信息资源、知识经验等社会资本，以提升自身的决策优势（Lin，2002）。个体网络位置对信息的获取与传递有着重要影响,与网络中心度较低(位置较为偏远)的成员相比,网络中心度较高(居于或靠近网络中心位置)的成员有明显的信息优势。作为网络关系中的中介者与枢纽,网络媒介者能够为网络中两个并不直接相连成员的交流提供中介作用,个体的网络媒介指数越高,引导、控制信息流通的概率就越高(Burt,1992)。而处于网络边缘位置的个体(网络中心度较低)拥有的信息资源较为贫乏,为谋求生存与发展,这类个体会与处于网络中心位置与媒介位置的个体建立联系,以寻求网络支撑和信息资源。

结合社会网络理论、QFII 的信息效应和治理效应进行分析,本书认为 QFII 网络中心度有可能对公司资本效率产生正反两个方面的影响。在负向影响方面,QFII 网络中心度有可能会降低公司的信息透明度,进而降低公司的资本效率。首先,较高网络中心度的 QFII 能够联系到较多的 QFII,因此其交易信息能够被更多网络内其他 QFII 获知。根据已有研究进行推断,当较多 QFII 基于同一共同信息同时进行交易时,这种"放大"的信息效应更容易导致众多投资者的跟随,加剧资本市场中的羊群效应,降低公司的信息透明度。其次,尽管较高网络中心度的 QFII 能够获取和传递较多信息,但网络中心度较低、持股比例较低的 QFII 有可能选择"搭便车"的方式,而不是选择合作的方式积极参与公司治理。这会加大较高网络中心度 QFII 的组织成本和治理成本,进而导致较高网络中心度的 QFII 选择隐瞒信息以降低成本,一定程度上会带来信息透明度的下降和参与公司治理积极性的下降。基于以上分析,本书提出如下假设:

假设 5 - 1a:QFII 网络中心度不利于提高公司的资本效率。

在正向影响方面。首先,作为境外机构投资者,尽管 QFII 之间存在竞争行为,但 QFII 自身有动机建立网络。第一,从外部制度背景来看,正式法律制度的不完善是行动者构建社会网络最主要的外部动机,非正式的社会关系则补充了正式法律制度的缺失之处。作为新兴经济体,目前中国最基本的制度环境是政府干预与不成熟的市场体系并存(蔡莉和单标安，2013），诸多经济个体借助中国传统的"人际关系"这一非正式制度为自身谋求更多的发展资源。第二，从内部资源依赖来看，资源依赖理论解释了行动者构建社会网络的动机，组织与个人均能通过网络获得嵌入在其中的信息、知识、声誉等社会资本（边燕杰和丘海雄，2000）。信息时代下组织面临的环境具有更大的不确定性与复杂性，信息与知识取代传统物质资源成为组织或个体获取竞争优势的关键战略性资源。郑凯等（2017）指出，QFII 在跨境投资时，相比本土投资者处于信息劣势地位，在充分了解中国"关系型"市场特征前提下，QFII 更有动机建立网络。其次，从获取信息的动机和能力来看，QFII 网络增强了 QFII 获取信息的动机和能力。对于机构投资者而言，团体之间的观察和互动比普通个人投资者更加频繁和紧密。机构投资者之间通过观察和交流，在实现信息共享的同时，也会在投资行为上相互模仿或者在投资策略上相互借鉴，以获取超额的投资收益。共同持股形成的 QFII 网络中心度为 QFII 之间的观察和互动提供了重要渠道，特别是处于相近位置的 QFII。这种网络关系的形成，使 QFII 均能在这一网络中搜寻和传递信息、学习和积累行业经验、观察和模仿决策行为，进而带来 QFII 收集信息动机和能力的增强。

QFII 网络中心度代表了 QFII 在整个网络中获取资源、施加影响的能力。借由 QFII 网络中心度产生的信息互动能够帮助处于同一网络中的 QFII 更为了解持股公司情况并进行监督。结合社会网络的相关理论分析，QFII 网络中心度通过两种途径提高公司资本效率。一是信息效应的增强。因为 QFII 秉持成熟、稳健的投资理念，进入中国资本市场后，被同一家 QFII 持股的上市公司数量不是太多。网络联结较多、高网络中心度的 QFII 能够有效处理、传递更多高质量的信息，低网络中心度的 QFII 积极与处于网络中心位置的 QFII 交流更多关于持股公司未来盈利预期、公司重大决策等方面的信息，这有助于增强 QFII 持股的积极性。而 QFII 稳定的持股本身能够吸引证券分析师和其他外部监督者的关注，能够加深投资者对上市公司的了解，减少他们的交易风险及信息不对称，增强投资者对公司相关决策的了解程度和投资信息，有利于降低公司对外融资成本、促进管理层实现公司长期价值投资和提高产出效率。二是治理能力的提高。首先，网络中心度带来的信息共享能加深 QFII 对上市公司的了解，提高监督公司管理层的积极性，降低公司的非效率投资。其次，网络中心度是 QFII 采取一致行动的纽带。例如，网络中心度可能会强化或者导致机构投资者交易行为的一致性（李维安等，2017），以及持股同一公司的机构投资者投票行为一致性（Enriques & Romano，2018）。有时，还有多家机构投资者联名提交股东议案，以影响公司决策的情况（王珏和祝继高，2015）。一致行动会带来 QFII 话语权的增加和监督力度的加大，这种积极的外部监督作用能有效抑制管理层的机会主义行为，激励公司管理层从事有助于提高公司资本效率的经营活动。基于此，本书提出竞争性假设：

假设 5 – 1b：QFII 网络中心度有助于提高公司的资本效率。

5.1.2　持股期限不同的 QFII 网络中心度与公司资本效率

关于机构投资者对公司的作用，国外文献存在两种竞争性观点：短期信息交易观和长期治理观（Porter，1992），即机构投资者的持股期限在一定程度上会影响监督上市公司的有效性。首先，从持股动机来看，短期持股的机构投资者倾向于短期盈利交易，而长期持股的机构投资者更为看重持股上市公司的长期价值，有动机和能力监督被持股的公司（Attig et al.，2013）。由于有足够的时间收集、准确处理公司信息，长期持股的机构投资者会发现并抑制管理层的失职行为和控股股东的"掏空"行为，其监督成本也会分摊在较长的持股时间内，从而降低单位监督成本。其次，从持股结果来看，频繁的交易使短期持股的机构投资者较少关注公司治理情况，方便了公司管理层的机会主义行为；而长期持股的机构投资者出于自身利益考虑，会监督公司内部人，以获取长期分红收益或资本增值。长期持股的机构投资者对管理层和大股东的积极监督，会降低公司管理层的机会主义行为，进而提升公司的资本效率。积极监督上市公司给长期持股的机构投资者带来收益增加的同时，监督收益又会带来持股期限的延长（Chen et al.，2007），实现良性互动。

QFII 拥有较为成熟、稳健的投资理念，并且属于压力抵抗型的机构投资者，对被投资的上市公司会有着较强的监督动机和能力；QFII 网络中心度能够有助于提高公司的资本效率。但是我们应该看到的是，QFII 的持股期限并非整齐划一，而是因迥异的持股动机而存在差异。不同持股期限的 QFII 网络中心度对公司资本效率的影响可能会存在差别。具体来说，短期持股可能会使 QFII 倾向于获取交易收益，由此可能导致的结果是，短期持股的 QFII 网络中心度也会更加关注短期获利信息，降低监督被投资上市公司的积极性，并因此减弱对公司资本效率的提升作用。而长期持股的 QFII 之间通过信息交流，有助于增强对公司信息的了解和持股积极性，正如前文所述，这不仅会降低信息的不对称，而且会降低网络成员之间的甄别和监督成本，从而提升公司的资本效率。基于此分析，本章提出第二个假设：

假设 5 - 2a：较之长期持股 QFII，较高的短期持股 QFII 网络中心度会降低公司的资本效率。

假设 5 - 2b：较之短期持股 QFII，较高的长期持股 QFII 网络中心度会提升公司的资本效率。

5.2 研究设计

5.2.1 样本选择和数据来源

本书借鉴帕里克（Pareek，2012）的研究，选取 2012～2021 年重仓持股中国沪深 A 股主板上市公司的 QFII 持仓数据为样本，构建 QFII 网络模型用以衡量基金网络中心度。在计算出 QFII 网络中心度的基础上，对样本数据进行如下处理。（1）剔除 ST 或 *ST 上市公司、金融保险类上市公司样本；（2）剔除财务数据或治理数据缺失的上市公司样本；（3）考虑到兼并等非经营性活动对投资决策的影响（计方和刘星，2011），剔除发生重大交易事项的样本。本书最终得到 4002 个"QFII—公司—年"有效样本观测值。QFII 季度持仓数据、QFII 分类标准数据来自 Wind 数据库，相关财务指标数据、公司治理数据来自 CSMAR 数据库。在运用社会网络分析软件 Pajek 和 Ucinet 计算基金网络中心度的基础上，运用 Stata14.0 完成本书的回归分析。

5.2.2　变量选取及定义

1. 被解释变量

本章被解释变量为公司资本效率（Zrxl），包括资本形成效率（Fcr）、资本配置效率（Absinv）和资本产出效率（Tfp）。各项指标的定义和衡量公式详见第 4 章变量选取及定义部分的被解释变量的定义及衡量公式。

2. 解释变量

QFII 网络中心度（QC）。与第 4 章口径一致，本书选用 QFII 程度中心度（Qdgm）和中介中心度（Qnbm）的平均值作为网络中心度的衡量指标。为全面、客观地衡量 QFII 网络中心度，在计算出两个季度中心度的基础上，以各 QFII 的持股比例作为权数计算年度中心度，并以持仓同一公司的 QFII 网络中心度均值衡量公司层面的基金网络关系强度。同时，为消除由于数值相差较大所引起的误差，本书又将两个中心度指标进行了标准化处理，选取 t 年度持有一家公司所有 QFII 中心度两个指标的平均值（FC）作为解释变量，中心度两个指标的中位数用于稳健性检验。

（1）程度中心度（Qdgm），表示某 QFII 能够直接联系的投资于同一股票的其他基金数量之和。该中心度越大，意味着某 QFII 直接联系的其他 QFII 数量越多，这使 QFII 能广泛地接触各类信息，也有利于 QFII 观察网络中其他 QFII 的交易行为。

$$Qdgm_{it} \frac{\sum_{j=1}^{g} x_{ijt}}{g_t - 1} \tag{5-1}$$

其中，$\sum_{j=1}^{g} x_{ijt}$ 表示 QFII 网络内 iQFII 在 t 年度能够联系到的投资于同一股票的其他 QFII 数量之和。g_t 为 t 年度 QFII 网络内所有 QFII 总和，除以"$g_t - 1$"对其标准化。

（2）中介中心度（Qnbm），衡量某 QFII 控制其他 QFII 连接路径的程度。中介中心度越大，说明某 QFII 控制信息传递和交流的程度越高。

$$Qnbm_{it} = \frac{\sum_{j<k} g_{jkt(it)} / g_{jkt}}{[(g_t - 1)(g_t - 2)]/2} \tag{5-2}$$

其中，g_{jkt} 表示 jQFII 与 kQFII 在 t 年度连接的最短路径数量。$g_{jkt(it)}$ 表示 jQFII 与 kQFII 在 t 年度连接的最短路径中包含 iQFII 的路径数量。$g_{jkt(it)} / g_{jkt}$ 表示 iQFII 控制 jQFII 与 kQFII 在 t 年度交往的能力，$\sum_{j<k} g_{jkt(it)} / g_{jkt}$ 表示 iQFII 对所有经过它进行连接的两 QFII 在 t 年度的控制能力之和，除以"$[(g_t - 1)(g_t - 2)]/2$"对其标准化。

本书构建 QFII 网络中心度指标的步骤如下：

第一，选取 2012～2021 年季度重仓上市公司的 QFII 数据，每季对每个 QFII 命名一个唯一标识，并且按照上市公司整理成 QFII—公司的矩阵 A［0，1］。如果持股同一上市公司，则赋值为 1，否则为 0。

第二，使用 Pajek 软件将二模矩阵 A［0，1］转换为 QFII—QFII 的一模矩阵 B。对于矩阵中非对角线的参数，数值大小对应着持股同一上市公司的交集次数。例如，如果 QFII 之间只有一次持股同一上市公司，则数值为 1；如果 QFII 同时持股两家上市公司，则数值为 2；如果不存在共同持股关系，则数值为 0。

第三，得到一模矩阵后，调用 Ucinet 6 软件的中心度函数，分别得到每季度 QFII 标准化后的两个网络中心度指标（程度中心度和中介中心度）。

第四，将 QFII 季度网络中心度与上市公司对接，按季度重仓比例进行加权平均，以计算出的 QFII 网络中心度年度均值对数化后作为 QFII 关系网络主要研究变量，并以未加权平均的网络中心度年度均值的对数化取值进行稳健性检验。

3. 调节变量

持股期限（Tenure）。本书按照换手率高低区分 QFII 持股期限，并将其作为调节变量，以考察持股期限不同的 QFII 网络中心度对公司资本效率的影响。

4. 控制变量

控制变量的选择与解释与第 4 章控制变量的选择与解释部分一致。

此外，本章还控制了年份（Year）和行业（Indus）虚拟变量。变量定义如表 5 - 1 所示。

表 5 - 1　　　　　　　　　　　　　　**变量定义**

变量符号	变量名称	变量定义
Zrxl	公司资本效率	分别以公司资本形成效率（Fcr）、公司资本配置效率（Absinv）和公司资本产出效率（Tfp）来度量公司资本效率
Fdgm	网络中心度	重仓持股 i 公司 QFII 的程度中心度本年度均值取对数
Fnbm		重仓持股 i 公司 QFII 的中介中心度本年度均值取对数

变量符号	变量名称	变量定义
Tunnel	大股东占款	期末其他应收款/（期初总资产＋期末总资产）/2
Lev	资产负债率	期末总负债/期末总资产
Board	董事会规模	期末董事会成员人数的自然对数
Meet	董事会议次数	公司本年度召开董事会会议的自然对数
Ada	盈余管理	根据修正的琼斯模型，分年度、行业回归求取残差，并以残差绝对值作为公司盈余管理的代理变量
Large1	第一大股东持股比例	公司期末第一大股东持股比例
Size	公司规模	公司年末总资产的自然对数
Ret	考虑红利再投资的公司年个股回报收益率	（n 股在 t 年的最后一个交易日的考虑现金红利再投资的日收盘价的可比价格/n 股在 t－1 年的最后一个交易日的考虑现金红利再投资的日收盘价的可比价格）－1
Soe	产权性质	公司期末最终控制人为国家时取 1，反之取 0
Year	年份虚拟变量	样本期间为 2012～2021 年，控制年份时间效应
Indus	行业虚拟变量	参照证监会 2012 年行业分类标准（剔除金融和保险业）

5.2.3 研究模型

为了检验假设 5－1a 和假设 5－1b，本书构建模型（5－3）进行回归分析。并在模型（5－3）的基础上，通过分组回归来检验假设 5－1a 和假设 5－1b。

$$Zrxl_{it} = \alpha + \beta CenX_{it}(SoicenX_{it}, LoicenX_{it}) + \gamma Controls$$
$$+ \sum Year + \sum Indus + \varepsilon_{it} \qquad (5-3)$$

其中，$Zrxl_{it}$ 表示公司资本效率，$CenX_{it}$ 表示 QFII 网络中心度。Controls 表示所有控制变量。如果 $CenX_{it}$ 的系数显著为正，说明假设 5－1a 成立；如果显著为负，说明假设 5－1b 成立。进一步，鉴于 QFII 持股期限的差异性，本书将样本划分为短期持股 QFII 和长期持股 QFII，并分别计算短期、长期持股 QFII 网络中心度（$SoicenX_{it}$，$LoicenX_{it}$）。

5.2.4　分组标准

参照已有研究，本书将样本划分为短期持股 QFII 和长期持股 QFII。计算方法如下：

第一，计算 kQFII 的总买入或总卖出：

$$CR\_buy_{kt} = \sum_{\substack{i=1 \\ s_{kit} > s_{kit-1}}}^{N_k} | S_{kit}P_{it} - S_{kit-1}P_{it-1} - S_{kit}\Delta P_{it} | \qquad (5-4)$$

$$CR\_sell_{kt} = \sum_{\substack{i=1 \\ s_{kit} \leqslant s_{kit-1}}}^{N_k} | S_{kit}P_{it} - S_{kit-1}P_{it-1} - S_{kit}\Delta P_{it} | \qquad (5-5)$$

其中，CR_buy_{kt} 和 CR_sell_{kt} 分别表示 kQFII 在第 t 期的总买入和总卖出；P_{it} 和 ΔP_{it} 分别表示 kQFII 在第 t 期持有 i 股票的价格和当期股票价格与上期股票价格之差；S_{kit} 和 S_{kit-1} 分别表示 kQFII 在第 t 期和第 t-1 期持有 i 股票的数量。当 $s_{kit} > s_{kit-1}$，表明 kQFII 在第 t 期买入了 i 股票；当 $s_{kit} \leqslant s_{kit-1}$，表明 kQFII 在第 t 期卖出了 i 股票。

$$CR_{kt} = \frac{\min(CR\_buy_{kt}, CR\_sell_{kt})}{\sum_{i=1}^{N_k} \dfrac{S_{kit}P_{it} + S_{kit-1}P_{it-1}}{2}} \qquad (5-6)$$

第二，计算 kQFII 过去一年的平均流动率：

$$AVG\_CR_{kt} = \frac{1}{2}(CR_{kt} + CR_{kt-1}) \qquad (5-7)$$

将 QFII 按照 AVG_CR_{kt} 的大小分成三组，其中，最高组为短期持股 QFII，最低组为长期持股 QFII。

第三，分别计算持有 i 股票的短期、长期持股 QFII 网络中心度，用 $SoicenX_{it}$、$LoicenX_{it}$ 表示。

5.3 实证结果分析

5.3.1 描述性统计分析

表 5-2 对样本中被解释变量、解释变量以及模型中所有其他控制变量的平均值、标准差、中位数、最大值和最小值等指标进行了全样本的描述性统计分析。如表 5-2 所示，以财务风险调整后的公司非效率融资（Fcr）的平均值为 0.737，中位数为 0.901，样本的中位数与平均值接近，说明本书经财务风险调整后的公司非效率融资样本呈现正态分布，而标准差为 0.457，说明不同公司之间的公司非效率融资存在差异，但低于基金持股公司的标准差。公司非效率投资（Absinv）的平均值为 -3.772，中位数为 -3.626，且其标准差为 1.170，说明各公司普遍存在非效率投资情况，且公司间的非效率投资差异较大。公司非效率资本产出（Tfp）的平均值为 -1.575，中位数为 -0.159，平均值小于中位数，说明公司非效率资本产出样本数据略向左偏，而公司非效率资本产出的标准差为 3.018，则表明不同公司间的非效率资本产出程度相差较大。QFII 程度中心度（Qdgm）的平均值为 -2.409，中位数为 -3.108，平均值大于中位数，说明样本数据近似正态分布但略向右偏，QFII 程度中心度的标准差为 3.345，说明不同 QFII 程度中心度的差异较大。QFII 中介中心度（Qnbm）的平均值为 -3.965，中位数为 -3.602，平均值略小于中位数，QFII 中介中心度的标准差为 2.092，说明不同 QFII 中介中心度的差异较大。控制变量中第一大股东持股比例（Large1）的平均值为 0.338，中位数为 0.315，平均值与中位数接近，说明样本中的第一大股东持股比例近似于正态分布，而第一大股东持股比例最大值为 0.863，最小值为 0.005，标准差为 0.181，表明不同公司的第一大股东持股比例存在较大差异。资

产负债率（Lev）的平均值为0.415，中位数为0.403，平均值和中位数接近，说明样本数据近似于正态分布，最大值为0.963，最小值为0.040，标准差为0.192，说明不同公司的资产负债率差异较大。公司盈余管理（Ada）的平均值为0.057，中位数为0.039，平均值略大于中位数，表明样本公司的公司盈余管理数据近似正态分布，但略向右偏，说明有着较高盈余管理程度的公司数量较多，其最大值为2.377，最小值为0，则表明确实存在没有盈余管理的公司，而不同公司的盈余管理程度也存在着较大差异，一定程度上说明并非所有公司都存在盈余管理行为，不同公司的会计信息质量存在着一定差异。董事会召开会议次数（Meet）的平均值为1.798，中位数为2.097，平均值和中位数相近，说明样本数据近似接近于正态分布，其最大值为3.892，最小值为0.693，标准差为0.878，说明不同公司董事会召开会议的次数存在着较大差异。

表 5 – 2　　　　　　　　　　　主要变量的描述性统计

变量	样本量	平均值	标准差	最小值	最大值	中位数
Fcr	4002	0.737	0.457	– 7.130	3.895	0.901
Absinv	4002	– 3.772	1.170	– 10.65	– 0.720	– 3.626
Tfp	4002	– 1.575	3.018	– 10.92	2.459	– 0.159
Qdgm	4002	– 2.409	3.345	– 8.737	13.36	– 3.108
Qnbm	4002	– 3.965	2.092	– 11.87	– 0.331	– 3.602
Large1	4002	0.338	0.181	0.005	0.863	0.315
Lev	4002	0.415	0.192	0.040	0.963	0.403
Ada	4002	0.057	0.087	0.000	2.377	0.039
Meet	4002	1.798	0.878	0.693	3.892	2.079
Board	4002	1.922	0.679	1.386	2.773	2.197
Tunnel	4002	0.012	0.022	0.000	0.419	0.006
Ret	4002	0.126	0.412	– 0.821	2.275	0.0440
Size	4002	22.660	1.438	18.610	28.640	22.560
Soe	4002	0.444	0.497	0.000	1.000	0.000

5.3.2　回归结果分析

表5 – 3是假设5 – 1的回归结果，因为本书将公司融资效率界定为经

财务风险调整后的公司融资成本，公司融资效率值越大，说明公司的融资成本越高，是一种公司非效率融资；本书将公司投资效率界定为公司过度投资和公司投资不足，公司投资效率值越大，说明公司过度投资或者投资不足现象越严重，是一种公司非效率投资；本书将公司资本产出效率界定为考虑资本和劳动投入的基础上，产生的公司生产效率，公司资本产出效率值越大，说明公司生产效率越高，为统一口径，本书将公司资本产出效率值乘以（−1），表示公司资本产出非效率。其中，列（1）、列（2）是 QFII 网络中心度对公司非效率融资的影响，列（3）、列（4）是 QFII 网络中心度对公司非效率投资的影响，列（5）、列（6）是 QFII 网络中心度对公司非效率资本产出的影响。回归结果显示，QFII 网络中心度的两个指标与公司非效率融资均在 1% 水平上显著负相关，与公司非效率投资至少在 5% 水平上显著负相关，与公司非效率资本产出均在 1% 水平上显著负相关。这表明 QFII 网络中心度有助于抑制公司非效率融资、公司非效率投资和公司非效率产出，说明基于共同持股同一公司形成的 QFII 之间的直接联系和间接联系均有助于提升公司资本效率。

表 5 −3　　　　　　　　QFII 网络中心度与公司资本效率

变量	Fcr (1)	Fcr (2)	Absinv (3)	Absinv (4)	Tfp (5)	Tfp (6)
Qdgm	− 0.172 *** (− 3.45)		− 0.035 *** (− 3.63)		− 0.032 *** (− 5.30)	
Qnbm		− 0.074 *** (− 2.63)		− 0.012 ** (− 2.26)		− 0.015 *** (− 4.27)
Large1	− 0.181 (− 0.37)	− 0.110 (− 0.23)	− 0.094 (− 1.00)	− 0.081 (− 0.87)	− 0.471 *** (− 8.10)	− 0.458 *** (− 7.86)
Lev	− 2.608 *** (− 5.04)	− 2.487 *** (− 4.80)	− 0.175 * (− 1.74)	− 0.152 (− 1.51)	− 0.402 *** (− 6.44)	− 0.380 *** (− 6.07)
Ada	0.762 (0.80)	0.731 (0.77)	1.175 *** (6.40)	1.164 *** (6.33)	− 0.247 ** (− 2.16)	− 0.252 ** (− 2.20)
Meet	0.197 (1.32)	0.214 (1.43)	0.043 (1.49)	0.046 (1.59)	0.031 * (1.73)	0.034 * (1.91)

续表

变量	Fcr (1)	Fcr (2)	Absinv (3)	Absinv (4)	Tfp (5)	Tfp (6)
Board	0.633 (1.36)	0.579 (1.24)	0.195 ** (2.16)	0.185 ** (2.04)	0.297 *** (5.28)	0.286 *** (5.09)
Tunnel	1.107 (0.29)	0.950 (0.24)	− 0.279 (− 0.37)	− 0.297 (− 0.39)	− 2.128 *** (− 4.55)	− 2.161 *** (− 4.62)
Ret	0.173 (0.69)	0.149 (0.59)	− 0.055 (− 1.12)	− 0.060 (− 1.23)	− 0.039 (− 1.30)	− 0.044 (− 1.44)
Size	0.197 *** (2.77)	0.160 ** (2.25)	− 0.096 *** (− 6.93)	− 0.103 *** (− 7.45)	− 0.625 *** (− 72.73)	− 0.632 *** (− 73.58)
Soe	0.438 ** (2.24)	0.475 ** (2.44)	− 0.177 *** (− 4.67)	− 0.169 *** (− 4.47)	0.019 (0.80)	0.026 (1.10)
Year	控制	控制	控制	控制	控制	控制
Indus	控制	控制	控制	控制	控制	控制
_cons	− 6.834 *** (− 3.43)	− 5.726 *** (− 2.90)	− 2.439 *** (− 6.30)	− 2.214 *** (− 5.78)	− 2.823 *** (− 11.73)	− 2.617 *** (− 10.99)
N	4002	4002	4002	4002	4002	4002
r2_a	0.508	0.507	0.733	0.732	0.980	0.980

注：*、**、*** 分别代表在显著性水平为 0.10、0.05 和 0.01 上显著；括号内为 t 值。

在主回归的基础上，本书进一步将样本划分为短期持股 QFII 和长期持股 QFII，分别检验短期持股 QFII 网络中心度和长期持股 QFII 网络中心度对公司资本效率的影响。其中，表 5 - 4 是短期持股 QFII 网络中心度对公司资本效率的影响，表 5 - 5 是长期持股 QFII 网络中心度对公司资本效率的影响。在表 5 - 4 中，列（1）、列（2）是短期持股 QFII 网络中心度的两个指标与公司非效率融资的回归结果，列（3）、列（4）是短期持股 QFII 网络中心度的两个指标与公司非效率投资的回归结果，列（5）、列（6）是短期持股 QFII 网络中心度的两个指标与公司非效率资本产出效率的回归结果。回归结果显示，除了短期持股 QFII 程度中心度与公司非效率投资在 10% 水平上呈显著负相关外，短期持股 QFII 程度中心度与公司非效率融资和公司非效率资本产出、短期持股 QFII 中介中心度与公司资本效率的三个指标均没有呈现统计上的显著性。这表明与短期持股 QFII

之间的间接联系相比，短期持股 QFII 间的直接联系产生的信息效应和治理效应更有助于抑制公司非效率投资和公司非效率资本产出。

表 5 - 4　　　　　　短期持股的 QFII 网络中心度与公司资本效率

变量	Fcr (1)	Fcr (2)	Absinv (3)	Absinv (4)	Tfp (5)	Tfp (6)
Qdgm	-0.007 (-0.68)		-0.040* (-1.90)		-0.012 (-1.22)	
Qnbm		0.002 (0.25)		-0.014 (-1.00)		-0.008 (-1.16)
Large1	-0.089 (-0.99)	-0.084 (-0.93)	-0.014 (-0.07)	0.002 (0.01)	-0.420*** (-4.69)	-0.417*** (-4.67)
Lev	0.080 (0.90)	0.087 (0.98)	-0.137 (-0.74)	-0.105 (-0.57)	-0.312*** (-3.57)	-0.303*** (-3.48)
Ada	0.066 (0.47)	0.059 (0.43)	1.230*** (4.25)	1.217*** (4.20)	0.000 (0.00)	-0.001 (-0.00)
Meet	-0.200*** (-5.58)	-0.200*** (-5.58)	0.160** (2.15)	0.162** (2.18)	0.032 (0.89)	0.033 (0.93)
Board	-0.027 (-0.28)	-0.033 (-0.34)	0.406** (2.03)	0.393** (1.96)	0.070 (0.74)	0.069 (0.72)
Tunnel	1.071 (1.53)	1.081 (1.55)	-0.785 (-0.54)	-0.738 (-0.51)	0.234 (0.34)	0.247 (0.36)
Ret	-0.087** (-2.15)	-0.089** (-2.21)	-0.060 (-0.71)	-0.067 (-0.80)	-0.088** (-2.22)	-0.090** (-2.26)
Size	0.014 (0.94)	0.012 (0.83)	-0.116*** (-3.81)	-0.125*** (-4.18)	-0.672*** (-46.63)	-0.675*** (-47.55)
Soe	-0.008 (-0.23)	-0.006 (-0.18)	-0.286*** (-4.01)	-0.279*** (-3.91)	0.035 (1.02)	0.036 (1.07)
Year	控制	控制	控制	控制	控制	控制
Indus	控制	控制	控制	控制	控制	控制
_cons	0.006 (0.01)	0.088 (0.23)	-2.727*** (-3.38)	-2.427*** (-3.08)	-1.071*** (-2.79)	-1.005*** (-2.69)
N	1450	1450	1450	1450	1450	1450
r2_a	0.945	0.945	0.346	0.344	0.937	0.937

注：*、**、***分别代表在显著性水平为 0.10、0.05 和 0.01 上显著；括号内为 t 值。

表 5 - 5 是长期持股 QFII 网络中心度的两个指标与公司资本效率的回归结果。其中，列（1）、列（2）是长期持股 QFII 网络中心度的两个指标与公司非效率融资的回归结果，列（3）、列（4）是长期持股 QFII 网络中心度的两个指标与公司非效率投资的回归结果，列（5）、列（6）是长期持股 QFII 网络中心度的两个指标与公司非效率资本产出的回归结果。回归结果显示，长期持股 QFII 网络中心度的两个指标与公司非效率融资、公司非效率投资和公司非效率资本产出至少在 5% 水平上显著负相关。说明与短期持股 QFII 中介中心度相比，共同持股同一公司的 QFII 程度中心度有助于抑制公司资本非效率的产生，表明长期持股 QFII 直接网络关系产生的信息效应和治理效应有助于提升公司的资本效率。

表 5 - 5　　　　　　　**长期持股的 QFII 网络中心度与公司资本效率**

变量	Fcr (1)	Fcr (2)	Absinv (3)	Absinv (4)	Tfp (5)	Tfp (6)
Qdgm	- 0. 228 *** (- 2. 95)		- 0. 027 ** (- 2. 49)		- 0. 034 *** (- 4. 32)	
Qnbm		- 0. 091 ** (- 2. 26)		- 0. 012 ** (- 2. 04)		- 0. 013 *** (- 3. 28)
Large1	- 0. 165 (- 0. 22)	- 0. 063 (- 0. 08)	- 0. 055 (- 0. 52)	- 0. 042 (- 0. 39)	- 0. 542 *** (- 7. 15)	- 0. 527 *** (- 6. 93)
Lev	- 4. 238 *** (- 5. 04)	- 4. 111 *** (- 4. 88)	- 0. 230 * (- 1. 93)	- 0. 214 * (- 1. 79)	- 0. 474 *** (- 5. 57)	- 0. 455 *** (- 5. 33)
Ada	1. 849 (1. 02)	1. 790 (0. 99)	0. 914 *** (3. 58)	0. 909 *** (3. 55)	- 0. 485 *** (- 2. 65)	- 0. 494 *** (- 2. 69)
Meet	0. 327 (1. 56)	0. 333 (1. 58)	0. 010 (0. 35)	0. 011 (0. 38)	0. 039 * (1. 82)	0. 039 * (1. 85)
Board	0. 722 (1. 04)	0. 622 (0. 89)	0. 068 (0. 69)	0. 055 (0. 56)	0. 385 *** (5. 48)	0. 370 *** (5. 25)
Tunnel	0. 394 (0. 06)	- 0. 011 (- 0. 00)	- 0. 025 (- 0. 03)	- 0. 079 (- 0. 09)	- 2. 911 *** (- 4. 71)	- 2. 970 *** (- 4. 79)

续表

变量	Fcr (1)	Fcr (2)	Absinv (3)	Absinv (4)	Tfp (5)	Tfp (6)
Ret	0.427 (1.00)	0.396 (0.93)	−0.044 (−0.73)	−0.048 (−0.79)	−0.012 (−0.27)	−0.016 (−0.38)
Size	0.278 *** (2.60)	0.237 ** (2.20)	−0.086 *** (−5.67)	−0.091 *** (−5.96)	−0.607 *** (−55.91)	−0.613 *** (−55.97)
Soe	0.730 ** (2.33)	0.777 ** (2.48)	−0.109 ** (−2.45)	−0.103 ** (−2.32)	0.017 (0.54)	0.024 (0.76)
Year	控制	控制	控制	控制	控制	控制
Indus	控制	控制	控制	控制	控制	控制
_cons	−10.226 *** (−3.21)	−8.857 *** (−2.79)	−2.235 *** (−4.96)	−2.068 *** (−4.60)	−3.710 *** (−11.50)	−3.507 *** (−10.88)
N	2552	2552	2552	2552	2552	2552
r2_a	0.457	0.456	0.807	0.806	0.983	0.983

注：* 、** 、*** 分别代表在显著性水平为 0.10、0.05 和 0.01 上显著；括号内为 t 值。

5.4 进一步分析

大量研究表明，良好的内、外部公司治理机制对于解决代理问题引起的管理层和大股东的机会主义行为具有一定的制约作用，能够降低外部投资者参与公司治理的成本和难度，提升机构投资者对持股公司的关注度，无形中增强了对持股公司的监督力度。前文的实证结果表明，QFII网络中心度有助于提高公司的资本效率。因此，本书后续将检验在公司内部治理水平、外部治理环境下，QFII网络中心度对公司资本效率会有怎样的影响，并对QFII网络中心度与公司资本效率的关系进行进一步的分析比较。

5.4.1　QFII 网络中心度、公司内部治理环境与公司资本效率

如前文所述，QFII 网络中心度产生的信息效应和治理效应在降低信息不对称性的同时，对管理层和大股东的机会主义行为是公司资本非效率行为产生的主要原因。例如，信息不对称带来的金融摩擦会提高公司的外部融资成本（Myers & Majluf, 1984）；斯坦（Stein, 1996）研究表明，公司内部严重代理问题和信息不对称是投资效率低下的重要原因；而较低的投资效率进而会带来生产效率的下降，从而影响公司整体的资本效率。作为一系列的制度安排，公司治理机制能够改善信息不对称、缓解代理问题从而提升公司效率。良好的公司治理机制有助于约束公司激进的投资行为，缓解投资过度；同时，还能够向市场传递公司运作规范、投资收益高等信息，降低外部投资者与管理者之间关于公司运营信息的不对称，降低公司的融资约束，防止公司投资不足。因此，我们认为，尽管基金信息传递带来的股票价格偏离会诱导管理层的非效率投资行为，但是良好的公司治理机制通过对管理层的约束，一定程度上能够缓解这种不利影响。

为检验公司治理水平的调节作用，本书以上市公司的公司治理水平得分中位数为界，划分为高水平公司治理组（见表 5 - 6）和低水平公司治理组（见表 5 - 7），分别检验 QFII 网络中心度对两组样本公司资本非效率性的影响。其中，在公司治理水平的综合得分方面，本书参照冈珀等（Gomper et al., 2003）、王艳和谢获宝（2018）的做法，以综合评分的方式对公司内部治理环境进行评价，在选取 16 个代表公司治理变量的基础上，通过打分的方式给 16 个公司治理变量分别赋分 0 或 1，以所有变量的总分值作为 GIM 指数，评价公司治理机制，其中，GIM 最大值为 16 分，最小值为 0 分。

表 5－6　　　　QFII 网络中心度、高水平公司治理与公司资本效率

变量	Fcr (1)	Fcr (2)	Absinv (3)	Absinv (4)	Tfpf (5)	Tfpf (6)
Qdgm	− 0. 247 *** (− 3. 38)		− 0. 049 *** (− 3. 65)		− 0. 039 *** (− 6. 16)	
Qnbm		− 0. 084 ** (− 2. 15)		− 0. 014 * (− 1. 96)		− 0. 017 *** (− 5. 11)
Large1	0. 192 (0. 27)	0. 263 (0. 37)	− 0. 113 (− 0. 85)	− 0. 100 (− 0. 76)	− 0. 397 *** (− 6. 46)	− 0. 383 *** (− 6. 21)
Lev	− 1. 760 ** (− 2. 31)	− 1. 592 ** (− 2. 09)	0. 068 (0. 48)	0. 100 (0. 71)	− 0. 342 *** (− 5. 25)	− 0. 314 *** (− 4. 81)
Ada	0. 829 (0. 73)	0. 799 (0. 70)	1. 258 *** (6. 02)	1. 248 *** (5. 96)	− 0. 117 (− 1. 20)	− 0. 115 (− 1. 18)
Meet	0. 116 (0. 53)	0. 134 (0. 61)	0. 049 (1. 21)	0. 052 (1. 29)	0. 003 (0. 16)	0. 006 (0. 33)
Board	0. 938 (1. 33)	0. 847 (1. 20)	0. 176 (1. 35)	0. 158 (1. 22)	0. 351 *** (5. 82)	0. 336 *** (5. 55)
Tunnel	1. 180 (0. 24)	0. 802 (0. 16)	− 1. 040 (− 1. 13)	− 1. 103 (− 1. 19)	− 1. 972 *** (− 4. 59)	− 2. 050 *** (− 4. 75)
Ret	0. 191 (0. 48)	0. 159 (0. 40)	0. 040 (0. 54)	0. 033 (0. 45)	− 0. 026 (− 0. 77)	− 0. 030 (− 0. 88)
Size	0. 199 * (1. 92)	0. 144 (1. 40)	− 0. 087 *** (− 4. 56)	− 0. 097 *** (− 5. 11)	− 0. 625 *** (− 70. 35)	− 0. 634 *** (− 71. 41)
Soe	0. 335 (1. 15)	0. 385 (1. 32)	− 0. 165 *** (− 3. 07)	− 0. 155 *** (− 2. 88)	− 0. 009 (− 0. 38)	− 0. 001 (− 0. 06)
Year	控制	控制	控制	控制	控制	控制
Indus	控制	控制	控制	控制	控制	控制
_cons	− 8. 819 *** (− 2. 90)	− 7. 095 ** (− 2. 36)	− 2. 533 *** (− 4. 53)	− 2. 192 *** (− 3. 96)	− 3. 234 *** (− 12. 43)	− 2. 963 *** (− 11. 51)
N	2150	2150	2150	2150	2150	2150
r2_a	0. 479	0. 477	0. 738	0. 737	0. 989	0. 989

注：* 、** 、*** 分别代表在显著性水平为 0. 10、0. 05 和 0. 01 上显著；括号内为 t 值。

表 5 - 7　　　　QFII 网络中心度、低水平公司治理与公司资本效率

变量	Fcr (1)	Fcr (2)	Absinv (3)	Absinv (4)	Tfp (5)	Tfp (6)
Qdgm	-0.084 (-1.24)		-0.020 (-1.44)		-0.023 ** (-2.17)	
Qnbm		-0.061 (-1.48)		-0.009 (-1.10)		-0.011 (-1.64)
Large1	-0.623 (-0.92)	-0.565 (-0.83)	-0.155 (-1.11)	-0.143 (-1.03)	-0.683 *** (-6.39)	-0.669 *** (-6.26)
Lev	-3.782 *** (-5.23)	-3.716 *** (-5.14)	-0.490 *** (-3.29)	-0.478 *** (-3.21)	-0.511 *** (-4.48)	-0.498 *** (-4.36)
Ada	0.688 (0.32)	0.637 (0.30)	1.017 ** (2.33)	0.999 ** (2.29)	-0.985 *** (-2.94)	-1.006 *** (-3.00)
Meet	0.337 * (1.66)	0.356 * (1.75)	0.031 (0.73)	0.033 (0.80)	0.061 * (1.91)	0.064 ** (2.00)
Board	0.124 (0.20)	0.092 (0.15)	0.269 ** (2.07)	0.264 ** (2.03)	0.198 ** (1.99)	0.192 * (1.93)
Tunnel	0.510 (0.08)	0.454 (0.07)	1.133 (0.84)	1.157 (0.86)	-2.341 ** (-2.27)	-2.312 ** (-2.24)
Ret	0.233 (0.71)	0.222 (0.67)	-0.139 ** (-2.05)	-0.142 ** (-2.09)	-0.010 (-0.20)	-0.013 (-0.26)
Size	0.264 *** (2.61)	0.244 ** (2.42)	-0.095 *** (-4.59)	-0.099 *** (-4.76)	-0.619 *** (-38.91)	-0.623 *** (-39.13)
Soe	0.612 ** (2.29)	0.634 ** (2.37)	-0.173 *** (-3.14)	-0.168 *** (-3.06)	0.073 * (1.72)	0.078 * (1.84)
Year	控制	控制	控制	控制	控制	控制
Indus	控制	控制	控制	控制	控制	控制
_cons	-8.819 *** (-2.90)	-7.095 ** (-2.36)	-2.533 *** (-4.53)	-2.192 *** (-3.96)	-3.234 *** (-12.43)	-2.963 *** (-11.51)
N	2150	2150	2150	2150	2150	2150
r2_a	0.479	0.477	0.738	0.737	0.989	0.989

注：*、**、*** 分别代表在显著性水平为 0.10、0.05 和 0.01 上显著；括号内为 t 值。

表 5 - 6 是在高水平公司治理组中，QFII 网络中心度对公司资本非效

率的影响。其中，列（1）、列（2）是在高水平公司治理环境下，QFII 网络中心度对公司非效率融资的影响，列（3）、列（4）是在高水平公司治理环境下，QFII 网络中心度对公司非效率投资的影响，列（5）、列（6）是在高水平公司治理环境下，QFII 网络中心度对公司非效率资本产出的影响。回归结果显示，当公司内部治理水平较高时，QFII 程度中心度与公司非效率融资、公司非效率投资和公司非效率资本产出均在 1% 水平上显著负相关；QFII 中介中心度与公司非效率融资、公司非效率投资和公司非效率资本产出至少在 10% 水平上显著负相关，说明当公司内部治理环境较好时，无论是 QFII 间的直接联系还是间接联系均有助于抑制公司资本非效率性，表明高水平的公司治理能够有效促进 QFII 网络中心度对公司资本非效率性的负向影响。

表 5 - 7 是在低水平公司治理组中，QFII 网络中心度对公司资本非效率性的影响。其中，列（1）、列（2）是在低水平公司治理环境下，QFII 网络中心度对公司非效率融资的影响，列（3）、列（4）是在低水平公司治理环境下，QFII 网络中心度对公司非效率投资的影响，列（5）、列（6）是在低水平公司治理环境下，QFII 网络中心度对公司非效率资本产出的影响。回归结果显示，在低水平公司治理环境下，QFII 网络中心度与公司非效率融资、公司非效率投资和公司非效率资本产出均没有呈现统计上的显著性，说明当公司内部治理环境较差时，QFII 网络中心度对公司资本非效率性的抑制作用并没有得到有效发挥，一定程度上说明了良好的公司治理在缓解基金 QFII 中心度对公司资本效率的不利影响中的重要作用。

5.4.2 QFII 网络中心度、市场化水平与公司资本效率

除了公司内部治理环境的好坏对机构投资者行为产生影响外，我国的外部制度和治理环境也会对公司治理、个体行为产生重要影响（LaPorta et al.，1997）。除了持股动机和能力，机构投资者的治理作用还取决于其所面临的地区投资者保护程度（Giannett & Koskinen，2010）。而由于我国各地区发展的不平衡，导致地区间的市场化进程、政企关系和法治水平出现较大差异，进而也会影响机构投资者的各种行为。地区投资者保护通常以各地区市场化指数进行反映（邵帅和吕长江，2015），涉及一个地区的经济、社会、法律体制等诸多方面。地区市场化指数包括政府与市场的关系、法治化水平、产品市场、要素市场和中介市场的发育程度、非国有经济的发展等（樊纲等，2011）。市场化进程是一种重要的外部治理机制，本身具有一定的治理功能。政府与市场关系的改善意味着政府对市场干预的减少，会使"权力寻租"发生的概率下降，中小股东的利益也会得到保护；较高法治化水平下法律法规执行力的增强，会约束管理者对外部股东的利益侵占行为。在利益得到保护的前提下，QFII 监督公司的积极性增加，网络内的 QFII 会更为频繁地交流公司的决策信息和先进的治理经验，QFII 网络中心度的影响力得到进一步提高。产品市场、要素市场和中介市场越发达，上市公司面临的竞争就越激烈，投资者获取的用来监督公司管理层的市场信息也越充分，会带来 QFII 利用网络收集和分享信息成本的降低，从而对管理层的失职行为形成有效的监督与约束。

我国正处于经济转型时期，制度环境对公司行为的影响更加显著，这体现在以下方面：第一，企业所面临的市场化水平越高，会计信息的信号传递功能就会越强，有助于发挥 QFII 网络中心度对公司资本效率的促进作用。市场化进程水平越高时，会计信息披露缓解投资者与经营者之间信息不对称的功能越强，在竞争机制的作用下，投资者决策对公司会计信息披露的依赖程度越高，这意味着 QFII 能够掌握更多有关公司经营运作的精确信息，高网络中心度 QFII 能够降低获取信息、辨别信息真伪和传递信息的成本，低网络中心度的 QFII 在获取更多精确信息的基础上，会增强与高网络中心度 QFII 合作的积极性，降低了 QFII 的信息成本和治理成本，增强 QFII 参与公司治理的积极性，进而有助于提升公司的资本效率。第二，完善制度环境，可以提高公司的内部治理效率，降低公司管理层和大股东的机会主义行为，有助于发挥 QFII 网络中心度对公司资本效率的促进作用。信息披露作为公司治理的重要因素之一，增强了会计信息这种内部治理手段的监控效应，这意味着会计信息的治理功能更能有效地发挥，企业的道德风险与逆向选择行为等代理冲突得以缓解，交易成本与短期行为得到有效控制。QFII 网络中心度产生的信息效应和治理效应在这一机制下会得到增强，进而更加有利于提升公司价值。第三，金融市场化与中介服务机构的发育使公司投融资更加便利，技术、资本和信息的流动更加顺畅，更低的信息披露与交易成本有助于提升公司的信息透明度，降低资本所有者与使用者之间的信息不对称。这会有助于投资者做出相对理性的投资决策，有利于增强 QFII 网络中心度对公司资本效率的有利影响。第四，投资者法律保护则可以通过公司治理模式、契约、诉讼和限制大股东控制权私利四个渠道影响会计透明度，这也有助于发挥 QFII 网络中心度对公司资本效率的提升作用。

为检验外部治理环境在 QFII 网络中心度与公司资本非效率性关系中的作用，采用王小鲁等（2021）对中国各省（区、市）地区的市场化水平来衡量地区投资者的保护程度。因数据截至 2019 年，故借鉴杨兴全等（2014）的处理方法，推算 2020～2021 年的市场化指数。以 2015 年指数为例，等于 2014 年的指数加上 2011 年、2012 年、2013 年这三年相对于前一年指数增加值的平均数，以此类推。并按照市场化水平中位数，划分为投资者保护程度较高地区上市公司样本和投资者保护程度较低地区上市公司样本，并分组进行回归，分别考察不同市场化进程水平下，基金网络中心度对公司资本非效率性的影响。

回归结果如表 5 - 8 和表 5 - 9 所示，表 5 - 8 是高水平市场化样本中，QFII 网络中心度对公司资本非效率性的影响，表 5 - 9 是低水平市场化样本中，QFII 网络中心度对公司资本非效率性的影响。表 5 - 8 中，列

（1）、列（2）是高水平市场进程样本中，QFII 网络中心度对公司非效率融资的影响，列（3）、列（4）是高水平市场进程样本中，QFII 网络中心度对公司非效率投资的影响，列（5）、列（6）是高水平市场进程样本中，QFII 网络中心度对公司非效率资本产出的影响。回归结果显示，当公司所在地区市场化水平较高时，QFII 程度中心度与公司非效率融资、公司非效率投资和公司非效率资本产出均在 1% 水平上显著负相关，QFII 中介中心度与公司非效率融资、公司非效率投资和公司非效率资本产出至少在 10% 水平上显著负相关，说明较高水平的市场化为 QFII 网络中心度信息效应和治理效应的发挥提供了良好的外部治理环境，在降低信息不对称性和提高公司内部治理效率的基础上，QFII 网络中心度带来的信息传递更能有助于 QFII 之间的合作，提高 QFII 参与公司治理的积极性，进而有助于抑制公司资本非效率性的产生。

表 5 – 8　　　　QFII 网络中心度、高水平市场化与公司资本效率

变量	Fcr (1)	Fcr (2)	Absinv (3)	Absinv (4)	Tfpf (5)	Tfpf (6)
Qdgm	− 0.208 *** (− 2.88)		− 0.034 *** (− 3.07)		− 0.042 *** (− 7.36)	
Qnbm		− 0.077 * (− 1.91)		− 0.011 * (− 1.77)		− 0.018 *** (− 5.80)
Large1	0.231 (0.31)	0.348 (0.47)	− 0.048 (− 0.42)	− 0.029 (− 0.26)	− 0.435 *** (− 7.49)	− 0.411 *** (− 7.04)
Lev	− 3.544 *** (− 4.30)	− 3.512 *** (− 4.25)	− 0.113 (− 0.91)	− 0.111 (− 0.88)	− 0.300 *** (− 4.65)	− 0.289 *** (− 4.44)
Ada	0.954 (0.77)	0.878 (0.70)	0.902 *** (4.76)	0.886 *** (4.67)	− 0.222 ** (− 2.27)	− 0.231 ** (− 2.35)
Meet	0.203 (0.98)	0.210 (1.01)	0.036 (1.14)	0.037 (1.17)	0.031 * (1.90)	0.033 ** (2.00)
Board	0.800 (1.06)	0.764 (1.01)	0.272 ** (2.38)	0.268 ** (2.34)	0.234 *** (3.97)	0.224 *** (3.77)

续表

变量	Fcr (1)	Fcr (2)	Absinv (3)	Absinv (4)	Tfpf (5)	Tfpf (6)
Tunnel	0. 249 (0. 04)	0. 159 (0. 03)	− 1. 346 (− 1. 57)	− 1. 354 (− 1. 58)	− 1. 583 *** (− 3. 59)	− 1. 613 *** (− 3. 64)
Ret	0. 248 (0. 64)	0. 225 (0. 58)	− 0. 131 ** (− 2. 21)	− 0. 135 ** (− 2. 27)	0. 023 (0. 75)	0. 019 (0. 61)
Size	0. 283 *** (2. 60)	0. 256 ** (2. 34)	− 0. 103 *** (− 6. 25)	− 0. 107 *** (− 6. 46)	− 0. 623 *** (− 72. 98)	− 0. 629 *** (− 73. 05)
Soe	0. 579 * (1. 91)	0. 606 ** (2. 00)	− 0. 184 *** (− 3. 99)	− 0. 180 *** (− 3. 90)	0. 070 *** (2. 96)	0. 076 *** (3. 19)
Year	控制	控制	控制	控制	控制	控制
Indus	控制	控制	控制	控制	控制	控制
_cons	− 9. 082 *** (− 3. 05)	− 8. 071 *** (− 2. 72)	− 2. 605 *** (− 5. 75)	− 2. 447 *** (− 5. 41)	− 2. 921 *** (− 12. 50)	− 2. 706 *** (− 11. 56)
N	2398	2398	2398	2398	2398	2398
r2_a	0. 466	0. 465	0. 787	0. 786	0. 990	0. 990

注: * 、 ** 、 *** 分别代表在显著性水平为 0. 10 、 0. 05 和 0. 01 上显著; 括号内为 t 值。

表 5 – 9   QFII 网络中心度、低水平市场化与公司资本效率

变量	Fcr (1)	Fcr (2)	Absinv (3)	Absinv (4)	Tfpf (5)	Tfpf (6)
Qdgm	− 0. 051 (− 0. 88)		− 0. 035 * (− 1. 85)		− 0. 017 (− 1. 25)	
Qnbm		− 0. 051 (− 1. 53)		− 0. 015 (− 1. 34)		− 0. 006 (− 0. 80)
Large1	− 0. 340 (− 0. 66)	− 0. 293 (− 0. 57)	− 0. 110 (− 0. 65)	− 0. 098 (− 0. 58)	− 0. 631 *** (− 5. 31)	− 0. 626 *** (− 5. 26)
Lev	− 1. 278 ** (− 2. 47)	− 1. 247 ** (− 2. 45)	− 0. 288 * (− 1. 70)	− 0. 248 (− 1. 48)	− 0. 439 *** (− 3. 71)	− 0. 420 *** (− 3. 59)
Ada	− 0. 432 (− 0. 28)	− 0. 460 (− 0. 30)	2. 697 *** (5. 28)	2. 690 *** (5. 27)	− 0. 581 (− 1. 63)	− 0. 584 (− 1. 64)

续表

变量	Fcr (1)	Fcr (2)	Absinv (3)	Absinv (4)	Tfpf (5)	Tfpf (6)
Meet	0.154 (0.83)	0.179 (0.96)	0.057 (0.95)	0.065 (1.07)	0.017 (0.39)	0.020 (0.47)
Board	0.091 (0.20)	0.081 (0.18)	0.167 (1.10)	0.149 (0.98)	0.277 *** (2.62)	0.268 ** (2.54)
Tunnel	2.567 (0.58)	2.276 (0.51)	1.576 (1.07)	1.533 (1.04)	-3.768 *** (-3.68)	-3.783 *** (-3.69)
Ret	0.068 (0.27)	0.066 (0.26)	0.084 (1.00)	0.078 (0.93)	-0.083 (-1.41)	-0.086 (-1.46)
Size	0.056 (0.72)	0.037 (0.49)	-0.075 *** (-2.97)	-0.086 *** (-3.46)	-0.624 *** (-35.16)	-0.629 *** (-36.13)
Soe	0.364 * (1.79)	0.378 * (1.88)	-0.187 *** (-2.81)	-0.173 *** (-2.62)	-0.075 (-1.62)	-0.069 (-1.49)
Year	控制	控制	控制	控制	控制	控制
Indus	控制	控制	控制	控制	控制	控制
_cons	-1.715 (-0.76)	-1.414 (-0.65)	-2.463 *** (-3.33)	-2.152 *** (-3.02)	-2.418 *** (-4.69)	-2.268 *** (-4.56)
N	1604	1604	1604	1604	1604	1604
r2_a	0.601	0.601	0.587	0.587	0.950	0.950

注：*、**、***分别代表在显著性水平为0.10、0.05和0.01上显著；括号内为t值。

表 5-9 中，列（1）、列（2）是低水平市场化样本中，QFII 网络中心度对公司非效率融资的影响，列（3）、列（4）是低水平市场化样本中，QFII 网络中心度对公司非效率投资的影响，列（5）、列（6）是低水平市场化样本中，QFII 网络中心度对公司非效率资本产出的影响。回归结果显示，当公司所在地区市场化水平较低时，QFII 中介中心度与公司非效率融资、公司非效率投资和公司非效率资本产出均不具有统计意义上的显著性；QFII 程度中心度与公司非效率融资和公司非效率资本产出不具有统计意义上的显著性。这说明较低的市场化水平不利于降低投资者与经营者之间的信息不对称，无形中增加了 QFII 的信息获取、处理

和治理成本，尽管较高网络中心度的 QFII 能够获得较多信息并进行传递，但同样也面临着较高的信息处理成本，尽管可以采取与较低网络中心度 QFII 合作的方式降低信息处理成本，但其效果会大打折扣；另外，较低水平的市场化程度为公司管理层和大股东的机会主义行为提供了契机，尽管 QFII 网络中心度具有的信息传递能力能够加强 QFII 之间的合作，但较低市场化水平导致的公司内部治理效率的下降会增加 QFII 参与公司治理的成本，尤其是较低网络中心度 QFII 的成本，从而降低其参与公司治理的积极性，这些会削弱 QFII 网络中心度对公司资本非效率性的抑制作用。

5.5 稳健性检验和内生性检验

5.5.1 稳健性检验

1. 替换被解释变量的稳健性检验

本书采用替换被解释变量的方法进行稳健性检验。公司融资效率、公司投资效率和公司全要素生产率指标的选择与处理方法与第 4 章稳健性检验指标的处理方法一致。

稳健性检验结果如表 5 - 10 所示。列（1）、列（2）是替换公司融资效率指标的回归结果，列（3）、列（4）是替换公司投资效率指标的回归结果，列（5）、列（6）是替换公司全要素生产率指标的回归结果。QFII 网络中心度的两个指标与公司非效率融资至少在 10% 水平上显著负相关，QFII 网络中心度的两个指标与公司非效率投资至少在 5% 水平上显著负相关，QFII 网络中心度的两个指标与公司非效率资本产出均在 1% 水平上显著负相关，验证了本书实证结果的稳健性。

表 5－10　　　　　　　　替换公司资本效率指标的稳健性检验

变量	Fcrt (1)	Fcrt (2)	Absinvt (3)	Absinvt (4)	Tfpt (5)	Tfpt (6)
Qdgm	－0.067* (－1.67)		－0.032*** (－3.35)		－0.015*** (－2.84)	
Qnbm		－0.050** (－2.25)		－0.011** (－2.08)		－0.010*** (－3.39)
Large1	－0.173 (－0.44)	－0.128 (－0.33)	－0.107 (－1.15)	－0.095 (－1.02)	0.347*** (6.92)	0.356*** (7.09)
Lev	－1.869*** (－4.39)	－1.802*** (－4.23)	－0.072 (－0.70)	－0.049 (－0.48)	0.373*** (6.80)	0.387*** (7.05)
Ada	－0.095 (－0.13)	－0.069 (－0.09)	1.218*** (6.75)	1.209*** (6.69)	0.129 (1.33)	0.133 (1.37)
Meet	0.438*** (3.67)	0.448*** (3.76)	0.029 (1.01)	0.031 (1.09)	－0.106*** (－6.93)	－0.104*** (－6.80)
Board	0.774** (2.12)	0.742** (2.03)	0.320*** (3.64)	0.311*** (3.54)	－0.018 (－0.37)	－0.024 (－0.51)
Tunnel	1.803 (0.58)	1.602 (0.52)	－0.848 (－1.14)	－0.867 (－1.17)	1.297*** (3.26)	1.260*** (3.17)
Ret	－0.100 (－0.50)	－0.107 (－0.53)	0.019 (0.40)	0.015 (0.30)	0.179*** (6.89)	0.177*** (6.83)
Size	－0.334*** (－5.75)	－0.354*** (－6.09)	－0.101*** (－7.23)	－0.108*** (－7.70)	0.391*** (52.23)	0.387*** (51.69)
Soe	0.721*** (4.47)	0.737*** (4.57)	－0.238*** (－6.14)	－0.231*** (－5.96)	－0.154*** (－7.41)	－0.151*** (－7.26)
Year	控制	控制	控制	控制	控制	控制
Indus	控制	控制	控制	控制	控制	控制
_cons	4.817*** (2.99)	5.293*** (3.32)	－2.495*** (－6.43)	－2.283*** (－5.95)	－2.777*** (－13.36)	－2.675*** (－13.02)
N	3600	3600	3600	3600	3598	3598
r2_a	0.433	0.433	0.755	0.754	0.865	0.865

注：*、**、***分别代表在显著性水平为0.10、0.05和0.01上显著；括号内为t值。

2. 公司层面的聚类标准误稳健性检验

为了保证研究结论的稳健性，本书尝试对回归模型的标准误进行公司层面的聚类调整。稳健性检验结果如表 5 – 11 所示。列（1）、列（2）是

表 5 – 11　　　　　　　公司层面的标准误聚类分析

变量	Fcr (1)	Fcr (2)	Absinv (3)	Absinv (4)	Tfp (5)	Tfp (6)
Qdgm	− 0. 172 *** (− 11. 77)		− 0. 035 *** (− 2. 70)		− 0. 032 *** (− 4. 18)	
Qnbm		− 0. 074 * (− 1. 75)		− 0. 012 ** (− 2. 26)		− 0. 015 *** (− 3. 52)
Large1	− 0. 181 (− 1. 14)	− 0. 110 (− 0. 25)	− 0. 094 (− 0. 53)	− 0. 081 (− 0. 46)	− 0. 471 *** (− 2. 71)	− 0. 458 *** (− 2. 62)
Lev	− 2. 608 *** (− 3. 82)	− 2. 487 *** (− 3. 52)	− 0. 175 (− 0. 95)	− 0. 152 (− 0. 82)	− 0. 402 *** (− 2. 88)	− 0. 380 *** (− 2. 72)
Ada	0. 762 (0. 88)	0. 731 (1. 32)	1. 175 *** (5. 04)	1. 164 *** (4. 94)	− 0. 247 * (− 1. 77)	− 0. 252 * (− 1. 79)
Meet	0. 197 (1. 71)	0. 214 (1. 08)	0. 043 (1. 16)	0. 046 (1. 25)	0. 031 (1. 07)	0. 034 (1. 17)
Board	0. 633 ** (2. 74)	0. 579 (1. 36)	0. 195 (1. 08)	0. 185 (1. 01)	0. 297 ** (2. 39)	0. 286 ** (2. 29)
Tunnel	1. 107 (0. 56)	0. 950 (0. 41)	− 0. 279 (− 0. 30)	− 0. 297 (− 0. 31)	− 2. 128 *** (− 2. 82)	− 2. 161 *** (− 2. 84)
Ret	0. 173 (1. 60)	0. 149 (1. 04)	− 0. 055 (− 0. 57)	− 0. 060 (− 0. 62)	− 0. 039 (− 0. 73)	− 0. 044 (− 0. 82)
Size	0. 197 *** (5. 30)	0. 160 ** (2. 39)	− 0. 096 *** (− 3. 80)	− 0. 103 *** (− 3. 99)	− 0. 625 *** (− 30. 99)	− 0. 632 *** (− 30. 46)
Soe	0. 438 *** (3. 03)	0. 475 ** (2. 30)	− 0. 177 ** (− 2. 39)	− 0. 169 ** (− 2. 29)	0. 019 (0. 37)	0. 026 (0. 50)
Year	控制	控制	控制	控制	控制	控制
Indus	控制	控制	控制	控制	控制	控制
_cons	− 6. 834 *** (− 10. 59)	− 5. 726 ** (− 2. 54)	− 2. 439 *** (− 3. 17)	− 2. 214 *** (− 2. 84)	− 2. 823 *** (− 6. 02)	− 2. 617 *** (− 5. 48)
N	4002	4002	4002	4002	4002	4002
r2_a	0. 508	0. 507	0. 733	0. 732	0. 980	0. 980

注：* 、** 、*** 分别代表在显著性水平为 0. 10、0. 05 和 0. 01 上显著；括号内为 t 值。

QFII 网络中心度与公司非效率融资在公司层面的标准误聚类分析，列
（3）、列（4）是 QFII 网络中心度与公司非效率投资在公司层面的标准误
聚类分析，列（5）、列（6）是 QFII 网络中心度与公司非效率资本产出
在公司层面的标准误聚类分析。在对回归模型的标准误进行公司层面的聚
类调整后，QFII 网络中心度的两个指标与公司非效率融资、公司非效率投
资和公司非效率资本产出至少在 10% 水平上显著负相关，说明 QFII 网络中
心度有助于改善公司的资本效率，进一步验证了本书实证结果的稳健性。

5.5.2   内生性检验

尽管前文研究发现了 QFII 网络中心度对公司资本效率的影响，同样
也需要进一步验证两者之间的因果关系。一方面，QFII 网络中心度带来
的信息传递提高了公司的资本效率。然而，上市公司资本效率的提高，
也可能借由 QFII 信息传递，带来 QFII 网络中心度的变化。例如，原有信
息网络中 QFII 的加入或退出，会带来 QFII 信息网络位置的改变，这就是
可能的反向因果关系。另一方面，可能存在一些不可观测的变量同时影
响 QFII 网络中心度与上市公司资本效率。为了缓解内生性问题对本书造
成的干扰，借鉴构造分组平均值作为工具变量的检验思路，本书选取
QFII 网络中心度的"行业—省份"均值作为工具变量，同时采用二阶段
最小二乘法模型来对内生性问题进行控制。删除与公司省份合并的数据
缺失值后，本书得到 3980 个"QFII—公司—年"的有效样本观测值。

表 5 - 12 是 QFII 程度中心度工具变量法的两阶段回归结果，表 5 - 13
是 QFII 中介中心度工具变量法的两阶段回归结果。其中，Q#Qdgm 是第
一阶段回归结果的固定值。检验结果显示，在控制内生性问题的基础上，
QFII 网络中心度与公司资本非效率性之间依然在 1% 水平上显著正相关。
一阶段回归结果显示的 F 值均大于 10（398.5、398.5、398.6），D - W
检验结果表明，p 值均大于 0.05（0.091、0.734、0.149），说明工具变

量具有外生性。因此，模型的回归结果总体来说是稳定的，检验结果能够支持实证结论。

表 5-12   QFII 程度中心度工具变量法的两阶段回归

变量	first Qdgm （1）	second Fcr （2）	first Qdgm （3）	second Absinv （4）	first Qdgm （5）	second Tfp （6）
Q#Qdgm	0.906 *** (0.0454)		0.906 *** (0.0454)		0.906 *** (0.0454)	
Qdgm		-21.89 ** (9.843)		-0.0777 * (0.0418)		-0.0802 *** (0.0248)
Large1	0.0712 (0.137)	40.69 (27.00)	0.0712 (0.137)	-0.148 (0.115)	0.0707 (0.137)	-0.435 *** (0.0680)
Lev	-0.183 (0.139)	-12.64 (27.68)	-0.183 (0.139)	-0.740 *** (0.118)	-0.184 (0.139)	-1.018 *** (0.0698)
Ada	0.494 * (0.257)	-33.68 (51.00)	0.494 * (0.257)	1.238 *** (0.217)	0.494 * (0.257)	-0.976 *** (0.129)
Meet	-0.0410 (0.0667)	30.52 ** (13.11)	-0.0410 (0.0667)	0.174 *** (0.0557)	-0.0408 (0.0668)	-0.0720 ** (0.0330)
Board	0.406 *** (0.133)	50.08 * (26.47)	0.406 *** (0.133)	-0.0742 (0.113)	0.406 *** (0.133)	0.528 *** (0.0667)
Tunnel	-1.841 (1.121)	-703.2 *** (222.0)	-1.841 (1.121)	0.307 (0.944)	-1.842 (1.121)	-3.601 *** (0.559)
Ret	0.187 *** (0.0534)	36.19 *** (10.69)	0.187 *** (0.0534)	0.0438 (0.0454)	0.188 *** (0.0534)	0.0752 *** (0.0269)
Size	0.132 *** (0.0261)	3.803 (5.485)	0.132 *** (0.0261)	-0.101 *** (0.0233)	0.132 *** (0.0261)	-0.190 *** (0.0138)
Soe	-0.107 ** (0.0539)	13.84 (10.62)	-0.107 ** (0.0539)	-0.124 *** (0.0452)	-0.107 ** (0.0539)	-0.0615 ** (0.0268)
Year	控制	控制	控制	控制	控制	控制
Indus	控制	控制	控制	控制	控制	控制
Constant	-0.973 *** (0.375)	-284.3 *** (78.97)	-0.973 *** (0.375)	-3.901 *** (0.336)	-0.974 *** (0.375)	-0.583 *** (0.199)
N	3980	3980	3980	3980	3980	3980
R-squared	0.145	0.004	0.145	0.061	0.145	0.259
IV F-stat		398.5		398.5		398.6
Durbin pval		0.091		0.734		0.149

注：*、**、***分别代表在显著性水平为 0.10、0.05 和 0.01 上显著；括号内为 t 值。

表 5 – 13 是 QFII 中介中心度工具变量法的两阶段回归结果。其中，Q#Qnbm 是第一阶段回归结果的固定值。检验结果显示，在控制内生性问题的基础上，QFII 中介中心度与公司资本非效率性之间依然在 1% 水平上显著正相关。一阶段回归结果显示的 F 值均大于 10（496.5、496.5、496.9），D – W 检验结果表明，p 值均大于 0.05（0.210、0.211、0.765），说明工具变量具有外生性。因此，模型的回归结果总体来说是稳定的，检验结果能够支持实证结论。

表 5 – 13　　　　　QFII 中介中心度工具变量法两阶段回归

变量	first Qnbm (1)	second Fcr (2)	first Qnbm (3)	second Absinv (4)	first Qnbm (5)	second Tfp (6)
Q#Qnbm	0.937 *** (0.042)		0.937 *** (0.042)		0.937 *** (0.042)	
Qnbm		– 0.577 ** (0.247)		– 0.099 ** (0.042)		– 0.050 ** (0.025)
Large1	0.103 (0.127)	0.0361 (0.701)	0.103 (0.127)	– 0.0617 (0.118)	0.104 (0.127)	– 0.438 *** (0.0706)
Lev	– 0.081 (0.132)	– 3.081 *** (0.728)	– 0.081 (0.132)	– 0.806 *** (0.122)	– 0.079 (0.132)	– 0.950 *** (0.073)
Ada	0.539 ** (0.232)	– 0.120 (1.291)	0.539 ** (0.232)	1.266 *** (0.217)	0.539 ** (0.231)	– 1.013 *** (0.130)
Meet	– 0.003 (0.064)	0.021 (0.352)	– 0.003 (0.064)	0.217 *** (0.059)	– 0.003 (0.064)	– 0.056 (0.036)
Board	0.437 *** (0.127)	0.060 (0.707)	0.437 *** (0.127)	– 0.053 (0.119)	0.436 *** (0.127)	0.482 *** (0.071)
Tunnel	– 1.100 (1.027)	0.249 (5.681)	– 1.100 (1.027)	– 0.133 (0.955)	– 1.097 (1.027)	– 3.582 *** (0.572)
Ret	0.213 *** (0.051)	0.570 ** (0.288)	0.213 *** (0.051)	– 0.002 (0.048)	0.212 *** (0.051)	0.054 * (0.029)
Size	0.189 *** (0.025)	0.354 ** (0.154)	0.189 *** (0.025)	– 0.099 *** (0.026)	0.189 *** (0.025)	– 0.208 *** (0.016)

续表

变量	first Qnbm （1）	second Fcr （2）	first Qnbm （3）	second Absinv （4）	first Qnbm （5）	second Tfp （6）
Soe	−0.005 （0.051）	0.343 （0.283）	−0.005 （0.051）	−0.084* （0.048）	−0.00517 （0.051）	−0.0381 （0.029）
Year	控制	控制	控制	控制	控制	控制
Indus	控制	控制	控制	控制	控制	控制
Constant	−1.461*** （0.434）	−4.870* （2.657）	−1.461*** （0.434）	−4.436*** （0.447）	−1.458*** （0.434）	−0.585** （0.267）
N	3980	3980	3980	3980	3980	3980
R−squared	0.205	0.008	0.205	0.060	0.206	0.273
IV F−stat		496.5		496.5		496.9
Durbin pval		0.210		0.211		0.765

注：*、**、***分别代表在显著性水平为0.10、0.05和0.01上显著；括号内为t值。

5.6 本章小结

以往关于 QFII 对公司绩效的影响研究大多以 QFII 持股比例为基础进行研究，有研究认为 QFII 能够促进公司绩效的提高，也有研究认为 QFII 降低了公司绩效。但这些研究忽略了 QFII 网络中心度在其中发挥的作用。学术界及实务界大量证据表明，资本市场中存在着形式各样的网络关系，网络中心度不同的个体在信息获取和传递过程中发挥了不同的作用，这也为持股比例较低的 QFII 信息效应和治理效应的发挥提供了潜在机制。另外，当持股期限不同时，QFII 网络中心度对公司资本效率的影响也会存在差异。为了验证 QFII 网络中心度对公司资本效率的影响和持股期限不同的 QFII 网络中心度对公司资本效率的影响，本章在构建 QFII 网络模型的基础上，计算 QFII 网络中心度并检验其对公司资本效率的影响，并根据换手率将 QFII 划分为短期持股 QFII 和长期持股 QFII，在分别计算出

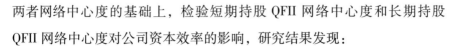

两者网络中心度的基础上，检验短期持股 QFII 网络中心度和长期持股 QFII 网络中心度对公司资本效率的影响，研究结果发现：

（1）QFII 网络中心度有助于抑制公司非效率融资、公司非效率投资和公司非效率资本产出，侧面表明了 QFII 网络中心度对公司资本效率的有利影响。

（2）较之短期持股 QFII 网络中心度，长期持股 QFII 网络中心度有助于抑制公司非效率融资、公司非效率投资和公司非效率资本产出，进而有利于促进公司资本效率的提高。

在此基础上，本章在进一步划分较高公司内部治理水平和较低公司内部治理水平，以及较高水平市场化和较低水平市场化的基础上，检验公司内、外部环境对 QFII 网络中心度与公司资本效率关系造成的影响。研究结果表明：

（1）较高的公司内部治理水平更有利于促进 QFII 网络中心度对公司资本效率的有利影响。

（2）较高的市场化水平更有利于促进 QFII 网络中心度对公司资本效率的有利影响。

第**6**章

QFII 网络中心度调节下的基金网络中心度与公司资本效率

本书第 4 章检验了基金网络中心度对公司资本效率的影响，第 5 章检验了 QFII 网络中心度对公司资本效率的影响。检验结果表明，基金网络中心度会降低公司的资本效率，而 QFII 网络中心度则有助于提高公司的资本效率。但我们应该注意到，在很多上市公司中，基金与 QFII 是共存的，那么这两种对公司资本效率有着相反影响的机构投资者并存时，会对公司资本效率产生怎样的影响。基于此，本章在筛选出 2012～2021 年同时包含基金和 QFII 样本的基础上，以 QFII 网络中心度作为调节变量，检验基金网络中心度对公司资本效率的影响。

6.1 理论分析与研究假设

自 2002 年我国资本市场中引入 QFII 以来，学术界对于 QFII 是否促进公司经营业绩的提高，一直争议不断。文献上主要有两种观点：大部分学者研究表明，QFII 会积极参与公司治理，促进公司业绩提高。原因之一是 QFII 与当地公司业务往来少、独立性更强，因此会更积极地参与公司治理，进而促进公司价值的提高（Ferreira & Matos，2008；Aggarwal et al.，2011）。原因之二是 QFII 拥有较为丰富的专业经验，可以有效改善其持股公司的治理水平（Gillan & Starks，2003；Aggarwal et al.，2011），这有助于提升公司业绩（王昶和焦娟妮，2009）。也有部分学者认为，由于持股比例较低并且持股周期较短，因此对公司绩效的影响不显著。例如，蔡宁等（2009）的研究表明，QFII 持股未对企业社会绩效产生显著影响。刘星和吴先聪（2011）的实证研究结果显示，QFII 持股不会显著影响公司绩效。

考虑到我们的实际情况，一方面，我国的 QFII 大都来自西方发达国家，拥有较为成熟的交易理念，同时我国引入 QFII 的目的是"规范合格境外机构投资者在中国境内证券市场的投资行为，促进中国证券市场的发展"，引进 QFII 之后可以进一步壮大和丰富境外机构投资者的队伍和结构。同时，可以借鉴其注重基本面分析、注重长期投资的投资理念，促进资源的有效配置，同时也会因为注重价值投资而积极参与公司治理。如第 5 章所述，QFII 网络中心度为 QFII 信息效应和治理效应的增强提供了纽带，有助于提高公司的信息透明度，降低外部投资者与持股公司之间的信息不对称，一定程度上能够缓解基金网络中心度对公司信息透明度的负面影响。而 QFII 网络中心度带来的治理效应的增强，一定程度上会增强对公司管理层和大股东机会主义行为的监督，进而缓解基金网络中心度对公司资本效率的不利影响，尤其是缓解短期持股基金网络中心度对公司资本效率的不利影响。QFII 的引入可以一定程度上降低我国证券市场中存在的投机氛围，优化公司内部治理，进而促进公司业绩提升。另一方面，对我国投资者而言，QFII 的交易行为具有信号价值（许弘林，2007），甚至 QFII 参与股票交易本身就是一个值得炒作的话题，因而 QFII 的引入可能不仅不会减弱，甚至有可能会加剧投资者的羊群效应，导致公司信息透明度的下降，进而加剧基金网络中心度对公司资本效率的不利影响。例如，从信号传递来看，受到 QFII 投资的企业很可能向市场传递其收益强、公司治理好的信号。黄斌（2011）研究发现，QFII 投资集中化趋势明显，更倾向于选择具有良好财务状况和公司治理水平的公司投资。能成为监管部门批准的 QFII 本身就向市场传递出该投资机构良好形象的信号，QFII 事前专业评估分析，事后追踪监督运营，积极参与公司治理的投资理念和投资模式让市场非常重视这些机构的被投资者。由此带来的结果可能是，那些注重获取投机收益的短期持股基金有可能追踪 QFII 的交易行为，并进行跟进性交易。同时，高网络中心度短期持股基金在信息传递过程中的不利作用也有可能会加剧信息透明度的降低，带来较低网络中心度短期持股基金和个人投资者的盲目跟风，从而引起过度交易，造成跨期羊群效应，在降低信息透明度的同时，也为管理层和大股东的机会主义行为提供了契机，进而加剧基金网络中心度对公司资本效率的不利影响。因此，QFII 的存在会加剧基金网络中心度与公司资本非效率性之间的正向关系。基于上述分析，本书提出如下两个对立假设。

假设 6 - 1a：当公司基金与 QFII 并存时，QFII 网络中心度会缓解基金网络中心度对公司资本效率的不利影响。

假设 6 - 1b：当公司基金与 QFII 并存时，QFII 网络中心度会加剧基金网络中心度对公司资本效率的不利影响。

6.2 研究设计

6.2.1 样本选择和数据来源

本书选取 2012 ~ 2021 年同时重仓持股中国沪深 A 股主板上市公司的基金、QFII 持仓数据为样本，构建基金和 QFII 网络模型用以衡量基金网络中心度和 QFII 网络中心度。在计算出基金网络中心度和 QFII 网络中心度的基础上，对样本数据进行如下处理：（1）剔除持股 ST 或 *ST 上市公司、金融保险类上市公司样本；（2）剔除财务数据或治理数据缺失的上市公司样本；（3）考虑到兼并等非经营性活动对投资决策的影响，剔除发生重大交易事项的样本；（4）以年份和持股公司代码为依据，将基金网络中心度样本数据与 QFII 网络中心度样本数据进行合并，最终得到3884 个"基金和 QFII—公司—年"有效样本观测值。公募基金季度持仓数据、QFII 季度持仓数据、基金和 QFII 分类标准数据来自 Wind 数据库，相关财务指标数据、公司治理数据来自 CSMAR 数据库。在运用社会网络分析软件 Pajek 和 Ucinet 计算基金网络中心度的基础上，运用 Stata14.0完成本书的回归分析。

6.2.2　变量选取及定义

1. 被解释变量

本章被解释变量为公司资本效率（Zrxl），包括资本形成效率（Fcr）、资本配置效率（Absinv）和资本产出效率（Tfp）。各项指标的定义和衡量公式详见第 4 章变量选取及定义部分的被解释变量的定义及衡量公式。

2. 解释变量

基金网络中心度和 QFII 网络中心度的交乘项（Fdgm#Qdgm）。以基金和 QFII 程度中心度（Fdgm、Qdgm）、中介中心度（Fnbm、Qnbm）的平均值作为网络中心度的衡量指标。为全面、客观地衡量基金和 QFII 网络中心度，在计算出两个季度中心度的基础上，以各基金和 QFII 的持股比例作为权数计算年度中心度。在此基础上，计算基金网络中心度和QFII 网络中心度的交乘项，作为解释变量，以检验 QFII 网络中心度对基金网络中心度的调节效应。

（1）程度中心度（Fdgm），表示某基金、QFII 能够直接联系的投资于同一股票的其他基金数量之和。该中心度越大，意味着某基金和 QFII 直接联系的其他基金和 QFII 的数量越多，这使该基金和 QFII 能更广泛地接触各类信息，也有利于基金和 QFII 观察网络中其他基金和 QFII 的交易行为。

$$F(Q)dgm_{it} \frac{\sum_{j=1}^{g} x_{ijt}}{g_t - 1} \qquad (6-1)$$

其中，$\sum_{j=1}^{g} x_{ijt}$ 表示基金（QFII）网络内 i 基金（QFII）在 t 年度能够联系到的投资于同一股票的其他基金（QFII）数量之和。g_t 为 t 年度基金（QFII）网络内所有基金（QFII）总和，除以"$g_t - 1$"对其标准化。

（2）中介中心度（Fnbm），衡量某基金和 QFII 控制其他基金和 QFII 连接路径的程度。中介中心度越大，说明某基金和 QFII 控制信息传递和交流的程度越高。

$$F(Q)nbm_{it} = \frac{\sum_{j<k} g_{jkt(it)}/g_{jkt}}{[(g_t - 1)(g_t - 2)1/2} \qquad (6-2)$$

其中，g_{jkt} 表示 j 基金（QFII）与 k 基金（QFII）在 t 年度连接的最短路径数量。$g_{jkt(it)}$ 表示 j 基金（QFII）与 k 基金（QFII）在 t 年度连接的最短路径中包含 i 基金（QFII）的路径数量。$g_{jkt(it)}/g_{jkt}$ 表示 i 基金（QFII）控制 j 基金（QFII）与 k 基金（QFII）在 t 年度交往的能力，$\sum_{j<k} g_{jkt(it)}/g_{jkt}$ 表示 i 基金（QFII）对所有经过它进行连接的两基金（QFII）在 t 年度的控制能力之和，除以"$[(g_t - 1)(g_t - 2)]/2$"对其标准化。

3. 控制变量

控制变量的选择与解释与第 4 章控制变量的选择与解释部分一致。

此外，本章还控制了年份（Year）和行业（Indus）虚拟变量。变量定义如表6-1所示。

表6-1   变量定义

变量符号	变量名称	变量定义
Zrxl	公司资本效率	分别以公司资本形成效率（Fcr）、公司资本配置效率（Absinv）和公司资本产出效率（Tfp）来度量公司资本效率
Fdgm#Qdgm	基金网络中心度与QFII网络中心度的交乘项	基金网络中心度和QFII网络中心度的交乘项，作为解释变量
Tunnel	大股东占款	期末其他应收款/（期初总资产＋期末总资产）/2
Lev	资产负债率	期末总负债/期末总资产
Board	董事会规模	期末董事会成员人数的自然对数
Meet	董事会会议次数	公司本年度召开董事会会议的自然对数
Ada	盈余管理	根据修正的琼斯模型，分年度、行业回归求取残差，并以残差绝对值作为公司盈余管理的代理变量
Large1	第一大股东持股比例	公司期末第一大股东持股比例
Size	公司规模	公司年末总资产的自然对数
Ret	考虑红利再投资的公司年个股回报收益率	（n 股在 t 年的最后一个交易日的考虑现金红利再投资的日收盘价的可比价格/n 股在 t-1 年的最后一个交易日的考虑现金红利再投资的日收盘价的可比价格）-1
Soe	产权性质	公司期末最终控制人为国家时取1，反之取0
Year	年份虚拟变量	样本期间为2012～2021年，控制年份时间效应
Indus	行业虚拟变量	参照证监会2012年行业分类标准（剔除金融和保险业）

6.3 实证结果分析

6.3.1 描述性统计分析

表6-2对样本中被解释变量、解释变量以及模型中重要的其他控制

变量的平均值、标准差、中位数、最大值和最小值等指标进行了描述性统计分析。如表 6 - 2 所示，以财务风险调整后的公司融资效率（Fcr）的平均值为 0.727，中位数为 0.905，样本的中位数与平均值接近，说明本书经财务风险调整后的公司融资效率样本呈现正态分布。公司非效率投资（Absinv）的平均值为 -4.013，中位数为 -3.869，样本平均值略小于中位数，说明样本公司非效率投资近似正态分布但略向左偏，其标准差为 1.287，说明样本公司间的非效率投资差异较大。公司非效率资本产出（Tfp）的平均值为 -7.703，中位数为 -7.559，样本平均值小于中位数，说明公司非效率资本产出样本数据近似正态分布但略向左偏。基金程度中心度与 QFII 程度中心度的交乘项（Fdgm#Qdgm）的平均值为 6.454，中位数为 6.287，中位数低于平均值，标准差为 4.079，说明样本公司该指标的差异较大。基金中介中心度与 QFII 中介中心度的交乘项（Fnbm#Qnbm）的平均值为 8.883，中位数为 7.850，平均值略高于中位数，说明样本数据接近于正态分布但略向右偏，标准差为 5.237，说明样本公司间该指标的差异较大。控制变量中第一大股东持股比例（Large1）的平均值为 0.340，中位数为 0.315，平均值略大于中位数，样本数据接近于正态分布但略向右偏，标准差为 0.172，说明样本公司的第一大股东持股比例相差相对较小。资产负债率（Lev）的平均值为 0.418，中位数为 0.406，平均值略大于中位数，说明样本数据近似于正态分布略向右偏，标准差为 0.182，说明样本公司间的资产负债率相差相对较小。公司盈余管理（Ada）的平均值为 0.053，中位数为 0.040，平均值略高于中位数，样本数据接近于正态分布但略向右偏，且其最大值为 0.397，最小值为 0，说明并非所有公司存在盈余管理行为，不同公司的会计信息质量存在着一定差异。董事会召开会议次数（Meet）的平均值为 1.519，中位数为 1.609，平均值略小于中位数，样本数据接近于正态分布但略向左偏，其最大值为 3.584，最小值为 0.094，最大值与最小值相差 3.49，说明不同公司董事会召开会议的次数存在着较大差异。董事会规模（Board）

平均值为2.135，中位数为2.197，平均值略小于中位数，样本数据接近于正态分布但略向左偏，其最大值为2.773，最小值为1.386，最大值与最小值相差1.387，标准差为0.201，说明公司间董事会规模的差异相对较小。大股东占款（Tunnel）的平均值为0.011，中位数为0.006，平均值略大于中位数，样本数据近似接近于正态分布但略向右偏，其最大值为0.196，最小值为0，说明样本数据中并非所有公司都存在大股东占款情况，不同公司的大股东占款存在着一定差异。考虑红利再投资的公司年个股回报收益率（Ret）的平均值为0.110，中位数为0.043，平均值大于中位数，样本数据呈现右偏态势，其最大值为2.275，最小值为－0.593，最大值与最小值相差2.868，标准差为0.346，表明不同公司年个股回报率的差异相对较大。

表 6 - 2　　　　　　　　重要变量的描述性统计

变量	数量	平均值	标准差	最小值	最大值	中位数
Fcr	3884	0.727	0.480	－ 7.130	3.895	0.905
Absinv	3884	－ 4.013	1.287	－ 8.533	－ 1.200	－ 3.869
Tfp	3884	－ 7.703	1.799	－ 12.350	－ 3.355	－ 7.559
Fdgm#Qdgm	3884	6.454	4.079	－ 4.130	25.760	6.287
Fnbm#Qnbm	3884	8.883	5.237	－ 2.166	31.060	7.850
Large1	3884	0.340	0.172	0.019	0.834	0.315
Lev	3884	0.418	0.182	0.050	0.963	0.406
Ada	3884	0.053	0.052	0.000	0.397	0.040
Meet	3884	1.519	0.747	0.094	3.584	1.609
Board	3884	2.135	0.201	1.386	2.773	2.197
Tunnel	3884	0.011	0.016	0.000	0.196	0.006
Ret	3884	0.110	0.346	－ 0.593	2.275	0.043
Size	3884	22.950	1.281	19.780	28.050	22.830
Soe	3884	0.407	0.491	0.000	1.000	0.000

6.3.2　回归结果分析

表 6 - 3 是 QFII 网络中心度在基金网络中心度与公司资本效率关系中发挥调节作用的检验结果。其中，列（1）、列（2）是 QFII 网络中心度在基金网络中心度与公司非效率融资关系中调节作用的检验结果，列（3）、列（4）是 QFII 网络中心度在基金网络中心度与公司非效率投资关系中调节作用的检验结果，列（5）、列（6）是 QFII 网络中心度在基金网络中心度与公司非效率资本产出关系中调节作用的检验结果。回归结果显示，基金程度中心度与 QFII 程度中心度的交乘项与公司非效率融资和公司非效率资本产出均在 1% 水平上显著负相关，基金程度中心度与 QFII 程度中心度的交乘项与公司非效率投资在 10% 水平上显著负相关。基金中介中心度与 QFII 中介中心度的交乘项与公司非效率融资和公司非效率资本产出均在 1% 水平上显著负相关，基金中介中心度与 QFII 中介中心度的交乘项与公司非效率投资在 10% 水平上显著负相关，表明 QFII 网络中心度减弱了基金网络中心度对公司资本效率的不利影响，本书假设 6 - 1a 得到验证。

表 6 - 3　　　　QFII 网络中心度调节下的基金网络中心度与公司资本效率

变量	Fcr (1)	Fcr (2)	Absinv (3)	Absinv (4)	Tfp (5)	Tfp (6)
Fdgm	- 0. 026 * (- 1. 69)		0. 013 (0. 56)		- 0. 061 *** (- 4. 52)	
Fdgm#Qdgm	- 0. 006 * (- 1. 66)		- 0. 039 *** (- 3. 50)		- 0. 117 *** (- 17. 51)	
Qdgm	- 0. 024 *** (- 2. 85)		- 0. 115 *** (- 4. 67)		- 0. 282 *** (- 19. 09)	
Fnbm		- 0. 021 * (- 1. 89)		0. 017 (0. 76)		- 0. 039 *** (- 2. 99)

续表

变量	Fcr (1)	Fcr (2)	Absinv (3)	Absinv (4)	Tfp (5)	Tfp (6)
Fnbm#Qnbm		− 0. 005 ** (− 1. 97)		− 0. 019 ** (− 2. 08)		− 0. 094 *** (− 17. 40)
Qnbm		− 0. 019 *** (− 2. 78)		− 0. 065 *** (− 2. 95)		− 0. 226 *** (− 17. 11)
Large1	− 0. 004 (− 0. 12)	− 0. 003 (− 0. 09)	− 0. 161 (− 1. 30)	− 0. 164 (− 1. 32)	− 0. 667 *** (− 8. 96)	− 0. 657 *** (− 8. 77)
Lev	0. 008 (0. 21)	0. 016 (0. 42)	− 0. 473 *** (− 3. 40)	− 0. 434 *** (− 3. 12)	− 1. 436 *** (− 17. 24)	− 1. 411 *** (− 16. 83)
Ada	− 0. 111 * (− 1. 65)	− 0. 116 * (− 1. 71)	1. 264 *** (4. 99)	1. 262 *** (4. 97)	− 0. 410 *** (− 2. 70)	− 0. 414 *** (− 2. 71)
Meet	0. 006 (0. 38)	0. 006 (0. 34)	0. 097 (1. 57)	0. 092 (1. 48)	0. 043 (1. 15)	0. 044 (1. 17)
Board	0. 008 (0. 27)	0. 006 (0. 20)	0. 160 (1. 38)	0. 163 (1. 39)	0. 497 *** (7. 13)	0. 439 *** (6. 24)
Tunnel	0. 452 (1. 28)	0. 440 (1. 24)	0. 097 (0. 07)	0. 025 (0. 02)	− 2. 230 *** (− 2. 80)	− 2. 404 *** (− 3. 00)
Ret	− 0. 019 (− 1. 24)	− 0. 021 (− 1. 36)	− 0. 071 (− 1. 22)	− 0. 084 (− 1. 45)	0. 027 (0. 78)	0. 006 (0. 17)
Size	0. 002 (0. 45)	0. 000 (0. 03)	− 0. 056 *** (− 3. 05)	− 0. 068 *** (− 3. 76)	− 0. 344 *** (− 31. 45)	− 0. 354 *** (− 32. 40)
Soe	0. 020 (1. 46)	0. 021 (1. 53)	− 0. 218 *** (− 4. 26)	− 0. 223 *** (− 4. 37)	− 0. 128 *** (− 4. 19)	− 0. 132 *** (− 4. 29)
Year	控制	控制	控制	控制	控制	控制
Indus	控制	控制	控制	控制	控制	控制
_cons	− 0. 359 *** (− 2. 67)	− 0. 299 ** (− 2. 31)	− 3. 527 *** (− 6. 98)	− 3. 197 *** (− 6. 43)	− 9. 663 *** (− 31. 92)	− 9. 214 *** (− 30. 76)
N	3884	3884	3884	3884	3884	3884
r2_a	0. 155	0. 154	0. 086	0. 083	0. 611	0. 606

注：* 、** 、***分别代表在显著性水平为0. 10、0. 05 和0. 01 上显著；括号内为 t 值。

6.4 进一步分析

前文的实证结果表明，QFII 网络中心度能够有效抑制基金网络中心度对公司资本非效率性的影响。因此，本书后续将检验 QFII 网络中心度高低发挥的调节效应。

第 3 章的研究内容表明，因为种种原因，基金参与公司治理的动机和能力较弱，尤其当基金持股期限较短时，具有较高网络中心度的短期持股基金可能因为信息传递成本和为赚取超额收益，隐瞒信息或传递虚假信息，进而降低公司信息透明度，为管理层的机会主义行为提供契机。而第 4 章的理论分析部分则表明，较高的 QFII 网络中心度能够有助于公司在网络关系中获取更多的信息，进而占据更高的优势地位。较高网络中心度的 QFII 拥有信息优势和控制优势，更能够通过网络建立更为广泛的社会关系和信息渠道，发挥更好的"桥"的作用，能够降低公司与投资者之间的信息不对称，使公司更有可能提供高质量的财务信息。另外，网络中心度较高的 QFII 关系能力和资源整合能力较强，能够监督公司管理层，为公司带来更好的治理成效，进而减少公司管理层的机会主义行为，提升公司的资本效率。因此，我们认为，较之网络中心度较低的 QFII，网络中心度较高的 QFII 能够有效缓解基金网络中心度对公司资本效率的不利影响。

为检验 QFII 网络中心度水平高低对 QFII 网络中心度调节作用的影响，本书以 QFII 网络中心度中位数为界，将高于 QFII 网络中心度中位数的数据样本界定为 QFII 网络中心度较高组（见表 6 - 4），将低于 QFII 网络中心度中位数的数据样本界定为 QFII 网络中心度较低组（见表 6 - 5），分别检验 QFII 网络中心度高低对 QFII 网络中心度调节作用的影响。

表 6 - 4　　　较高 QFII 网络中心度对基金网络中心度的调节效应

变量	Fcr (1)	Fcr (2)	Absinv (3)	Absinv (4)	Tfp (5)	Tfp (6)
Fdgm	- 0. 359 *** (- 4. 32)		- 1. 111 *** (- 4. 84)		- 0. 156 *** (- 3. 76)	
Fdgm#Qdgm	- 0. 074 *** (- 3. 96)		- 0. 261 *** (- 5. 06)		- 0. 028 *** (- 2. 89)	
Qdgm	- 0. 129 *** (- 4. 58)		- 0. 426 *** (- 5. 49)		- 0. 142 *** (- 5. 97)	
Fnbm		- 0. 013 (- 1. 15)		0. 041 (1. 35)		0. 075 * (1. 85)
Fnbm#Qnbm		0. 017 ** (2. 13)		- 0. 046 ** (- 2. 10)		0. 029 * (1. 94)
Qnbm		0. 033 (1. 45)		- 0. 106 * (- 1. 68)		0. 071 (1. 62)
Large1	0. 008 (0. 81)	- 0. 001 (- 0. 13)	- 0. 056 ** (- 2. 09)	- 0. 092 *** (- 3. 09)	- 0. 309 *** (- 18. 25)	- 0. 479 *** (- 26. 69)
Lev	0. 067 ** (2. 51)	0. 070 ** (2. 34)	- 0. 256 *** (- 3. 48)	- 0. 245 *** (- 3. 00)	- 0. 031 (- 0. 63)	- 0. 135 ** (- 2. 58)
Ada	- 0. 017 (- 0. 28)	0. 008 (0. 12)	- 0. 092 (- 0. 53)	- 0. 014 (- 0. 07)	- 0. 707 *** (- 6. 37)	- 0. 537 *** (- 4. 34)
Meet	- 0. 204 *** (- 2. 86)	- 0. 069 (- 0. 87)	- 0. 338 * (- 1. 72)	- 0. 239 (- 1. 09)	- 1. 206 *** (- 9. 23)	- 1. 384 *** (- 9. 84)
Board	- 0. 083 (- 0. 53)	- 0. 020 (- 0. 19)	1. 789 *** (4. 11)	1. 137 *** (3. 81)	- 0. 240 (- 0. 85)	- 0. 458 ** (- 2. 40)
Tunnel	0. 004 (0. 11)	- 0. 005 (- 0. 13)	0. 184 ** (2. 08)	- 0. 012 (- 0. 12)	0. 077 (1. 32)	0. 089 (1. 40)
Ret	- 0. 030 (- 0. 49)	- 0. 044 (- 0. 63)	0. 249 (1. 50)	0. 335 * (1. 72)	0. 363 *** (3. 34)	0. 888 *** (7. 15)
Size	0. 615 (0. 92)	0. 106 (0. 14)	0. 900 (0. 49)	1. 377 (0. 64)	- 4. 161 *** (- 3. 49)	- 4. 050 *** (- 2. 95)
Soe	0. 032 (1. 21)	0. 020 (0. 64)	0. 013 (0. 17)	- 0. 148 * (- 1. 73)	- 0. 042 (- 0. 88)	- 0. 027 (- 0. 49)
Year	控制	控制	控制	控制	控制	控制
Indus	控制	控制	控制	控制	控制	控制
_cons	- 0. 781 *** (- 2. 84)	- 0. 214 (- 0. 77)	- 5. 986 *** (- 7. 88)	- 3. 047 *** (- 3. 97)	- 10. 683 *** (- 23. 47)	- 7. 065 *** (- 15. 01)
N	1920	1923	1920	1923	1920	1923
r2_a	0. 109	0. 083	0. 105	0. 092	0. 514	0. 610

注：* 、 ** 、 *** 分别代表在显著性水平为 0. 10、0. 05 和 0. 01 上显著；括号内为 t 值。

表 6 - 5　　　较低 QFII 网络中心度对基金网络中心度的调节效应

变量	Fcr (1)	Fcr (2)	Absinv (3)	Absinv (4)	Tfp (5)	Tfp (6)
Fdgm	0.001 (0.02)		0.616** (2.45)		-0.156*** (-2.58)	
Fdgm#Qdgm	0.002 (0.22)		0.103* (1.78)		-0.019 (-1.53)	
Qdgm	0.001 (0.03)		0.189 (1.36)		-0.157*** (-4.49)	
Fnbm		0.010** (2.13)		-0.006 (-0.20)		-0.026 (-0.52)
Fnbm#Qnbm		0.003 (1.56)		-0.019* (-1.83)		-0.009 (-1.02)
Qnbm		0.008 (1.60)		-0.088*** (-2.90)		-0.046* (-1.83)
Large1	0.027 (1.10)	0.031 (1.13)	-0.417** (-2.25)	-0.182 (-1.03)	-0.729*** (-6.54)	-0.762*** (-6.76)
Lev	0.133*** (4.97)	0.046 (1.42)	-0.774*** (-3.87)	-0.673*** (-3.21)	-1.404*** (-11.16)	-0.813*** (-6.15)
Ada	-0.105** (-2.49)	-0.161* (-1.82)	1.135*** (3.61)	1.923*** (3.40)	-0.533*** (-3.08)	-0.863** (-2.38)
Meet	0.016 (1.42)	-0.011 (-0.74)	0.010 (0.11)	0.241*** (2.59)	0.012 (0.21)	0.011 (0.18)
Board	0.059*** (2.71)	0.056** (2.09)	0.150 (0.92)	0.342** (2.02)	0.796*** (7.70)	0.497*** (4.60)
Tunnel	-0.274 (-1.06)	0.038 (0.13)	-1.959 (-1.02)	-1.270 (-0.70)	-3.155*** (-2.70)	-3.209*** (-2.77)
Ret	-0.081*** (-6.52)	-0.001 (-0.06)	-0.269*** (-2.92)	-0.012 (-0.15)	0.071 (1.35)	0.023 (0.45)
Size	-0.005 (-1.34)	-0.002 (-0.48)	-0.042 (-1.64)	-0.046* (-1.69)	-0.461*** (-27.87)	-0.407*** (-24.70)
Soe	-0.022** (-2.33)	-0.015 (-1.32)	-0.177** (-2.47)	-0.170** (-2.28)	-0.074* (-1.66)	-0.042 (-0.88)
Year	控制	控制	控制	控制	控制	控制
Indus	控制	控制	控制	控制	控制	控制
_cons	-0.212* (-1.66)	-0.062 (-0.52)	-1.222 (-1.28)	-4.098*** (-5.43)	-8.475*** (-16.70)	-8.329*** (-17.46)
N	1964	1961	1964	1961	1964	1961
r2_a	0.415	0.228	0.099	0.102	0.710	0.583

注：*、**、***分别代表在显著性水平为 0.10、0.05 和 0.01 上显著；括号内为 t 值。

表 6-4 是在较高 QFII 网络中心度样本组中，QFII 网络中心度对基金网络中心度与公司资本效率关系的调节效应分析。其中，列（1）、列（2）是在较高 QFII 网络中心度样本组中，QFII 网络中心度对基金网络中心度与公司非效率融资关系的调节效应，列（3）、列（4）是在较高 QFII 网络中心度样本组中，QFII 网络中心度对基金网络中心度与公司非效率投资关系的调节效应，列（5）、列（6）是在较高 QFII 网络中心度样本组中，QFII 网络中心度对基金网络中心度与公司非效率资本产出关系的调节效应。回归结果显示，当 QFII 网络中心度较高时，基金程度中心度与 QFII 程度中心度的交乘项与公司非效率融资、公司非效率投资和公司非效率资本产出均在 1% 水平上显著为负，基金中介中心度与 QFII 中介中心度的交乘项与公司非效率融资和公司非效率投资均在 5% 水平上显著为负，与公司非效率资本产出在 10% 水平上显著为负，说明较高水平的 QFII 网络中心度能够有效缓解基金网络中心度对公司资本效率的不利影响。

表 6-5 是在较低水平 QFII 网络中心度组中，QFII 网络中心度对基金网络中心度与公司资本效率关系的调节效应分析。其中，列（1）、列（2）是在低水平 QFII 网络中心度组中，QFII 网络中心度对基金网络中心度与公司非效率融资关系的调节效应，列（3）、列（4）是在低水平 QFII 网络中心度组中，QFII 网络中心度对基金网络中心度与公司非效率投资关系的调节效应，列（5）、列（6）是在低水平 QFII 网络中心度组中，QFII 网络中心度对基金网络中心度与公司非效率资本产出关系的调节效应。回归结果显示，当 QFII 网络中心度水平较低时，基金程度中心度与 QFII 程度中心度的交乘项、基金中介中心度与 QFII 中介中心度的交乘项与公司非效率融资与公司非效率资本产出没有统计意义上的显著性；基金程度中心度与 QFII 程度中心度的交乘项、基金中介中心度与 QFII 中介中心度的交乘项与公司非效率投资呈现 10% 的负显著性。与表 6-5 的实证结果相比，验证了本书之前的理论推演，即较之较低的 QFII 网络中心

度，较高的 QFII 网络中心度有助于缓解基金网络中心度对公司资本效率的不利影响。

6.5 稳健性检验

6.5.1 替换基金网络中心度和 QFII 网络中心度指标

如前文所述，本书在计算基金网络中心度和 QFII 网络中心度指标时，以其重仓持股比例为权数进行加权平均计算。为验证本书实证结果的稳健性，本书以未按持股比例加权的基金网络中心度和 QFII 网络中心度的交乘项作为解释变量进行回归分析。将未按持股比例加权的基金网络中心度和 QFII 网络中心度与原样本进行合并，在删除缺失值的基础上，得到 3884 个"基金—QFII—公司—年"的有效样本观测值用于稳健性检验。

表 6 - 6 是稳健性检验结果。其中，列（1）、列（2）是未按持股比例加权的基金网络中心度和 QFII 网络中心度的交乘项与公司非效率融资的回归结果，列（3）、列（4）是未按持股比例加权的基金网络中心度和 QFII 网络中心度的交乘项与公司非效率投资的回归结果，列（5）、列（6）是未按持股比例加权的基金网络中心度和 QFII 网络中心度的交乘项与公司非效率资本产出的回归结果。回归结果显示，未按持股比例加权的基金程度中心度和 QFII 程度中心度的交乘项与公司非效率融资、公司非效率投资和公司非效率资本产出均在 1% 水平上显著为负。未按持股比例加权的基金中介中心度和 QFII 中介中心度的交乘项与公司非效率投资和公司非效率资本产出均在 1% 水平上显著为负，与公司非效率融资在 5% 水平上显著为负。充分表明了本书实证结果的稳健性。

表 6 - 6　　　替换基金网络中心度和 QFII 网络中心度指标的稳健性检验

变量	Fcr (1)	Fcr (2)	Absinv (3)	Absinv (4)	Tfp (5)	Tfp (6)
Fdgmhw	-0.046 *** (-2.83)		0.011 (0.49)		-0.091 *** (-4.33)	
Fdgmhw# Qdgmhw	-0.010 *** (-2.79)		-0.044 *** (-3.78)		-0.018 *** (-4.58)	
Qdgmw	-0.043 *** (-3.70)		-0.104 *** (-4.70)		-0.127 *** (-9.49)	
Fnbmhw		-0.021 ** (-2.10)		0.143 *** (3.81)		-0.042 ** (-2.49)
Fnbmhw# Qnbmhw		-0.004 ** (-1.98)		-0.059 *** (-3.38)		-0.015 *** (-4.98)
Qnbmw		-0.021 ** (-2.53)		-0.023 ** (-2.26)		-0.073 *** (-6.35)
Large1	-0.003 (-0.08)	0.000 (0.00)	-0.075 (-0.59)	-0.083 (-0.64)	-0.598 *** (-7.27)	-0.583 *** (-7.01)
Lev	-0.041 (-0.95)	-0.031 (-0.70)	-0.473 *** (-3.16)	-0.378 ** (-2.54)	-1.221 *** (-12.85)	-1.197 *** (-12.42)
Ada	-0.090 (-1.23)	-0.097 (-1.32)	1.263 *** (5.01)	1.234 *** (4.89)	-0.500 *** (-3.10)	-0.545 *** (-3.35)
Meet	-0.003 (-0.17)	-0.007 (-0.35)	0.124 * (1.86)	0.112 * (1.68)	0.067 (1.57)	0.070 (1.64)
Board	0.001 (0.04)	0.000 (0.01)	0.286 ** (2.30)	0.294 ** (2.35)	0.681 *** (8.57)	0.648 *** (8.05)
Tunnel	0.513 (1.28)	0.492 (1.23)	-0.518 (-0.38)	-0.801 (-0.58)	-3.628 *** (-4.14)	-3.543 *** (-4.00)
Ret	0.016 (0.97)	0.014 (0.82)	-0.063 (-1.09)	-0.101 * (-1.75)	0.011 (0.30)	-0.004 (-0.11)
Size	0.007 (1.26)	0.004 (0.69)	-0.069 *** (-3.57)	-0.092 *** (-4.92)	-0.421 *** (-34.95)	-0.432 *** (-35.71)
Soe	0.033 ** (2.10)	0.033 ** (2.10)	-0.201 *** (-3.70)	-0.211 *** (-3.88)	-0.128 *** (-3.69)	-0.107 *** (-3.06)
Year	控制	控制	控制	控制	控制	控制
Indus	控制	控制	控制	控制	控制	控制
_cons	-0.450 *** (-2.84)	-0.302 ** (-2.01)	-3.441 *** (-6.58)	-2.834 *** (-5.60)	-8.586 *** (-25.73)	-8.057 *** (-24.41)
N	3884	3884	3884	3884	3884	3884
r2_a	0.081	0.078	0.097	0.096	0.601	0.593

注：* 、** 、*** 分别代表在显著性水平 0.10、0.05 和 0.01 上显著；括号内为 t 值。

6.5.2 替换被解释变量的稳健性检验

本章采用替换被解释变量的方法进行稳健性检验。公司融资效率、公司投资效率和公司全要素生产率指标的选择与处理方法与第 4 章稳健性检验指标的处理方法一致。将用于稳健性检验的被解释变量与原样本合并，得到 3884 个"基金—QFII—公司—年"的有效样本观测值用于稳健性检验。

稳健性检验结果如表 6 - 7 所示。列（1）、列（2）是替换公司融资效率指标的回归结果，列（3）、列（4）是替换公司投资效率指标的回归结果，列（5）、列（6）是替换公司全要素生产率指标的回归结果。基金网络中心度与 QFII 网络中心度的交乘项与公司非效率融资、公司非效率投资和公司非效率资本产出均在 1% 水平上显著负相关，充分验证了本书实证结果的稳健性。

表 6 - 7　　　　　　　　　替换被解释变量的稳健性检验

变量	Fcrt (1)	Fcrt (2)	Absinvt (3)	Absinvt (4)	Tfpt (5)	Tfpt (6)
Fdgm	−0.015 *** (−7.95)		−0.000 (−0.02)		−0.023 ** (−2.56)	
Fdgm#Qdgm	−0.014 *** (−13.33)		−0.041 *** (−3.24)		−0.039 *** (−8.66)	
Qdgm	−0.033 *** (−15.23)		−0.114 *** (−4.38)		−0.099 *** (−9.86)	
Fnbm		−0.010 *** (−5.44)		0.006 (0.28)		−0.027 *** (−3.09)
Fnbm#Qnbm		−0.013 *** (−16.57)		−0.027 *** (−2.75)		−0.033 *** (−9.21)
Qnbm		−0.030 *** (−15.76)		−0.082 *** (−3.54)		−0.082 *** (−9.21)

续表

变量	Fcrt (1)	Fcrt (2)	Absinvt (3)	Absinvt (4)	Tfpt (5)	Tfpt (6)
Large1	-0.011 (-1.06)	-0.008 (-0.79)	-0.203 (-1.55)	-0.200 (-1.52)	-0.535 *** (-10.58)	-0.529 *** (-10.45)
Lev	0.014 (1.13)	0.010 (0.84)	-0.344 ** (-2.25)	-0.312 ** (-2.04)	-0.794 *** (-14.04)	-0.781 *** (-13.79)
Ada	-0.039 * (-1.84)	-0.039 * (-1.88)	1.358 *** (5.27)	1.358 *** (5.27)	-0.235 ** (-2.28)	-0.238 ** (-2.31)
Meet	0.028 *** (5.00)	0.029 *** (5.26)	0.060 (0.89)	0.058 (0.86)	0.138 *** (5.49)	0.138 *** (5.51)
Board	0.017 * (1.65)	0.004 (0.34)	0.496 *** (3.90)	0.489 *** (3.82)	0.231 *** (4.90)	0.213 *** (4.49)
Tunnel	-0.038 (-0.33)	-0.050 (-0.44)	-0.480 (-0.34)	-0.642 (-0.46)	-1.905 *** (-3.53)	-1.986 *** (-3.67)
Size	-0.014 *** (-2.89)	-0.016 *** (-3.25)	0.003 (0.05)	-0.007 (-0.12)	-0.048 ** (-2.03)	-0.054 ** (-2.31)
Soe	-0.010 *** (-5.96)	-0.010 *** (-5.85)	-0.050 ** (-2.50)	-0.060 *** (-2.99)	-0.143 *** (-19.23)	-0.147 *** (-19.92)
Year	控制	控制	控制	控制	控制	控制
Indus	控制	控制	控制	控制	控制	控制
_cons	-0.025 (-0.57)	0.016 (0.37)	-4.260 *** (-7.84)	-3.998 *** (-7.49)	-3.362 *** (-16.36)	-3.227 *** (-15.95)
N	3884	3884	3884	3884	3884	3884
r2_a	0.185	0.192	0.101	0.099	0.958	0.958

注：* 、 ** 、 *** 分别代表在显著性水平为 0.10、0.05 和 0.01 上显著；括号内为 t 值。

6.6 本章小结

　　前文的第 4 章和第 5 章分别检验了基金网络中心度对公司资本效率的影响，以及 QFII 网络中心度对公司资本效率的影响，并得出结论相反的两种研究结果。第 4 章的研究结果表明，基金网络中心度无助于公司资本效率的提高，而第 5 章的研究结果则表明，QFII 网络中心度有助于公司资本效率的提高。那么，当基金与 QFII 并存于同一公司中时，QFII 网络中心度能否缓解基金网络中心度对公司资本效率的不利影响就成为本章的研究重点。因此，本章在设置基金网络中心度与 QFII 网络中心度交乘项的基础上，验证 QFII 网络中心度对基金网络中心度与公司资本效率关系的调节效应。研究结果表明，基金网络中心度与 QFII 网络中心度的交乘项能有效缓解基金网络中心度对公司资本效率的不利影响。在此基础上，本章按照网络中心度高低将样本划分为高网络中心度 QFII 和低网络中心度 QFII，以检验网络中心度水平不同的 QFII 网络中心度对基金网络中心度产生的调节效应。研究结果表明，较之水平较低的 QFII 网络中心度，水平较高的 QFII 网络中心度有助于缓解基金网络中心度对公司资本效率的不利影响。以上的研究结果也说明了水平较高的 QFII 网络中心度是缓解基金网络中心度不利影响的重要因素。

第 **7** 章

结论及建议

7.1 主要研究结论

第一，通过研究基金网络中心度对公司资本效率的影响，我们发现：（1）基金网络中心度对公司资本效率具有显著负向影响。其中，基金网络中心度对公司非效率投资和公司非效率资本产出具有正向显著影响，而对公司非效率融资则没有统计意义上的显著性。（2）较之持股期限较长的基金网络中心度，持股期限较短的基金网络中心度对公司非效率融资、公司非效率投资和公司非效率资本产出具有显著正向影响。（3）较好的公司内部治理环境和较高的市场化水平能够有助于缓解基金网络中心度对公司资本效率的不利影响。

第二，通过研究 QFII 网络中心度对公司资本效率的影响，我们发现：（1）QFII 网络中心度对公司资本效率具有显著正向影响。其中，QFII 网络中心度会有效抑制公司非效率融资、公司非效率投资和公司非效率资本产出。（2）较之短期持股 QFII 网络中心度，长期持股 QFII 网络中心度能够有效抑制公司非效率融资、公司非效率投资和公司非效率资本产出。（3）较好的公司内部治理环境和较高的市场化水平均能有效促进 QFII 网络中心度对公司非效率融资、公司非效率投资和公司非效率资本产出的抑制作用。

第三，通过研究 QFII 网络中心度对基金网络中心度与公司资本效率关系的调节效应，我们发现：（1）QFII 网络中心度能够有效缓解基金网络中心度对公司资本效率的不利影响。（2）较之较低水平的 QFII 网络中心度，较高水平的 QFII 网络中心度能够有效缓解基金网络中心度对公司资本效率的不利影响。

7.2 相关政策建议

本书的结论表明，在我国资本市场的发展过程中，机构投资者扮演着非常重要的角色，不仅影响着资本市场的稳定性，也对微观企业的经营运作产生了重要影响。本书通过深入挖掘基金网络中心度和 QFII 网络中心度两类机构投资者网络中心度对公司资本效率产生的影响，在丰富与完善"社会网络理论"的同时，也为机构投资者信息效应和治理效应在微观企业中的作用提供了实证基础。本书的研究结论对微观公司的经营运作和资本市场监管具有如下启示：

首先，从资本市场层面来说：

（1）政府应当在进一步完善法律体系的基础上，适当减少政府干预，积极推动市场化进程，以加强对机构投资者利益的保护程度，释放机构投资者的治理活力。

（2）应当进一步放宽 QFII 的引入政策，引入更多具有较优资质的 QFII 参与中国资本市场中，以改善我国资本市场中的投资者结构，加速资本市场的成熟化与专业化。本书的实证结果表明，QFII 持股形成的网络中心度有助于提高公司的信息透明度，因此，通过增加我国资本市场中 QFII 的数量和投资额度，提高的 QFII 网络中心度能够收集、传递更多上市公司的信息，在进一步改善公司信息透明度的同时，也有助于公司资本效率的提高。

其次，从监管层面来说：

（1）监管层应当对网络中心度较高的基金加强监管，从而有利于抑制基金过度投机行为；应当重点识别、监控那些网络中心度较高、持股期限较短基金的交易行为，并对这些交易行为进行跟踪、监控。同时，监管机构还应该加大短期持股基金交易行为的信息披露，以发现其可能存在的信息误导行为。本书的研究结论可为监管部门继续完善自身监管政策提供政策依据。

（2）监管层应适当放宽 QFII，尤其是那些持股期限较长的 QFII 的引入数量和金额。监管层首先应当对引入 QFII 的资质进行重点审查，其次在此基础上，应加强对 QFII 交易行为的重点监控，以保证 QFII 对中国资本市场和公司行为的正向影响。

（3）鼓励基金积极参与公司治理，防止过度投机。投机交易行为主要为赚取短期买卖差价获利，这种获利形式对公司资本效率的提高毫无益处，反而会加剧资本市场中的羊群效应，降低信息透明度。过度投机还会加剧公司的经营风险，对公司资本效率产生负面影响。所以，应该制约市场中的过度投机行为，鼓励长期持股的 QFII 等价值型机构投资者进入资本市场，以及更多长期资金注入基金项目，以引导资本市场中长期价值投资理念的树立。

最后，从公司层面来说：

（1）为公司完善自身内部治理环境提供政策建议。本书第 4 章和第 5 章的研究结果表明，良好的公司内部治理环境有助于抑制基金网络中心度对公司资本效率的负面影响，以及促进 QFII 网络中心度对公司资本效率的正面影响。尤其是在我国国有企业代理问题较为严重、民营企业发展时间尚短，内部治理水平不高的情况下，该研究结论为公司继续完善自身内部治理机制提供了现实参考。

（2）鼓励上市公司积极引入 QFII 持股，有助于降低公司与投资者之间的信息不对称，增强对公司管理层的监督。真正让资本市场发挥其资源配置的作用，使投资者能够投资到那些真正有潜力的公司，促进经济的健康稳定发展。

7.3 存在不足与进一步研究方向

本书遵循了机构投资者研究领域的一大热点研究主线，即"机构投资者网络中心度对公司资本效率的影响"，采用诸多创新的研究视角与技术手段，全面系统地考察了机构投资者对我国公司的影响作用。虽然本书在某些方面取得了一定的研究成效，也基本实现了研究目标，但由于个人能力和客观条件的限制，在以下几个方面依然存在不足，值得今后进一步改进和深入研究。

（1）高频数据和账户数据的使用。由于数据可得性的限制，本书中所使用的有关基金和 QFII 的样本数据主要以季度持仓数据为主。显然，如果能够以基金和 QFII 的账户数据为依托，获取两者的逐笔交易记录，无疑能够对其交易行为有一个更加精确的刻画，从而得出更加贴近客观现实的研究结果。除此以外，拥有了基金和 QFII 的账户数据，在今后客观条件允许的前提下，还需要从客观事实出发，采用技术手段，对不同基金和 QFII 进行有效聚类，并对"机构投资者网络中心度对公司资本效率的影响"这一经典课题进行更加深入的探索。

（2）基于行为金融学研究范式的探讨。行为金融学有效克服了新古典经济学和金融学的不足，并提出了一个基于"不完全理性"假设的全新研究框架。机构投资者作为有限理性的经济人，虽然相对于普通中小个体投资者而言具有更高的专业性，但其行为决策在大多数情况下仍然无法达到全局最优。基金经理人作为机构投资者行为决策的最终裁定人，在信息不完备、不确定的环境中，同样不可避免地会产生不同程度的认知偏差，如会表现出过度自信心理或从众心理。而在本书的各实证研究中，尤其是在第6章有关机构投资者交易行为与股价稳定关系的考察中，只是运用了一些经典理论或国外经验证据对本书的实证结果加以解释，并未进一步通过实证手段针对我国机构投资者的非理性行为特征或认知偏差现象做出检验。所以，在今后的研究中，如果能够结合行为金融学的研究范式，对本书所关心的几个问题进行补充研究，无疑能够得出更加丰富且更具有说服力的结论。

参 考 文 献

［1］边燕杰，丘海雄．企业的社会资本及其功效［J］．中国社会科学，2000（2）：87 - 99.

［2］蔡吉甫．会计信息质量与公司投资效率——基于 2006 年会计准则趋同前后深沪两市经验数据的比较研究［J］．管理评论，2013（4）：166 - 176.

［3］蔡莉，单标安．中国情境下的创业研究：回顾与展望［J］．管理世界，2013（12）：160 - 169.

［4］陈新春，刘阳，罗荣华．机构投资者信息共享会引来黑天鹅吗？——基金信息网络与极端市场风险［J］．金融研究，2017（7）：140 - 155.

［5］陈运森，谢德仁．网络位置、独立董事治理与投资效率［J］．管理世界，2011（7）：113 - 127.

［6］程晨，王萌萌．企业劳动力成本与全要素生产率——"倒逼"机制的考察［J］．南开经济研究，2016（3）：118 - 132.

［7］程书强．机构投资者持股与上市公司会计盈余信息关系实证研究［J］．管理世界，2006（9）：129 - 136.

［8］池国华，杨金，郭菁晶．内部控制、EVA 考核对非效率投资的综合治理效应研究——来自国有控股上市公司的经验证据［J］．会计研究，2016（10）：63 - 69，97.

［9］杜思正，冼国明，冷艳丽．中国金融发展、资本效率与对外投资水平［J］．数量经济技术经济研究，2016（11）：17 - 36.

［10］樊纲，王小鲁，朱恒鹏. 中国市场化指数——各地区市场化相对进程 2011 年报告［M］. 北京：经济科学出版社，2011.

［11］范海峰，石水平. 财务信息透明度、机构投资者与公司股权融资成本［J］. 暨南学报（哲学社会科学版），2016（4）：42－52.

［12］范剑勇，冯猛，李方文. 产业集聚与企业全要素生产率［J］. 世界经济，2014（5）：51－73.

［13］范勇福. 股权结构、大股东行为与代理成本［J］. 当代经济，2006（10）：54－55.

［14］方芳，曾辉. 中小企业融资方式与融资效率比较［J］. 经济理论与经济管理，2005（4）：38－42.

［15］高雷，张杰. 公司治理、机构投资者与盈余管理［J］. 会计研究，2008（9）：64－72.

［16］耿志民. 中国 QFII 的投资行为特征及其成因［J］. 统计与决策，2006（15）：114－115.

［17］郭白滢，李瑾. 机构投资者信息共享与股价同步性——基于社会关系网络的分析［J］. 金融经济学研究，2018（4）：87－97.

［18］郭晓冬，柯艳蓉，吴晓晖. 坏消息的掩盖与揭露：机构投资者网络中心性与股价崩盘风险［J］. 经济管理，2018（4）：152－169.

［19］韩燕，崔鑫. 基金行业的委托代理关系与基金经理的短视行为研究［J］. 管理评论，2014（9）：34－45.

［20］郝书辰，田金方，陶虎. 国有工业企业效率的行业检验［J］. 中国工业经济，2012（12）：57－69.

［21］胡援成，卢凌. 机构投资者、企业融资约束与超额现金持有［J］. 当代财经，2019（2）：62－72.

［22］黄斌. QFII 在中国 A 股市场持股特征研究［J］. 统计与决策，2011（24）：139－142.

［23］黄辉. 企业特征、融资方式与企业融资效率［J］. 预测，2009

（2）：21 – 27.

［24］计方，刘星. 机构投资者持股对企业非效率投资行为的治理效应［J］. 财政研究，2011（3）：69 – 72.

［25］姜凌，曹瑜强，廖东声. 治理结构与投资效率关系研究——基于国有与民营上市公司的分析［J］. 财经问题研究，2015（10）：104 – 110.

［26］蒋瑜峰，袁建国. 负债来源、会计信息质量与企业投资［J］. 经济与管理研究，2011（5）：78 – 84.

［27］李蕾，韩立岩. 价值投资还是价值创造？——基于境内外机构投资者比较的经验研究［J］. 经济学（季刊），2014，13（1）：351 – 372.

［28］李梦雨，魏熙晔. 中国基金公司季末操纵股票价格吗？——基于倾向评分匹配倍差法的发现［J］. 上海经济研究，2014（3）：99 – 106.

［29］李培馨，陈运森，王宝链. 社会网络及其在金融研究中的应用：最新研究评述［J］. 南方经济，2013（9）：62 – 74.

［30］李青原，刘惠，王红建. 机构投资者持股、异质性与股价延迟度研究［J］. 证券市场导报，2013（10）：24 – 32.

［31］李胜楠，吴泥锦，曾格凯茜，等. 环境不确定性，高管权力与过度投资［J］. 财贸研究，2015（4）：111 – 121.

［32］李维安，李滨. 机构投资者介入公司治理效果的实证研究——基于CCGI[NK]的经验研究［J］. 南开管理评论，2008（1）：4 – 11.

［33］李维安，齐鲁骏，丁振松. 兼听则明，偏信则暗：基金网络对公司投资效率的信息效应［J］. 经济管理，2017（10）：44 – 61.

［34］李小军，王平心，陶旖旎. 公司监督与现金股利代理理论实证研究［J］. 北京工商大学学报（社会科学版），2007，22（6）：27 – 31.

［35］李晓良，温军，吕光桦. 收购兼并、异质股东与企业绩效［J］. 当代经济科学，2014（3）：104 – 111.

[36] 李心丹，王冀宁，傅浩．中国个体投资者交易行为的实证研究 [J]．经济研究，2002（11）：54 – 63.

[37] 李争光，曹丰，赵西卜，等．机构投资者异质性、会计稳健性与股权融资成本——来自中国上市公司的经验证据 [J]．管理评论，2016（7）：42 – 52.

[38] 林润辉，谢宗晓，丘东，等．协同创新网络、法人资格与创新绩效——基于国家工程技术研究中心的实证研究 [J]．中国软科学，2014（10）：83 – 96.

[39] 刘京军，苏楚林．传染的资金：基于网络结构的基金资金流量及业绩影响研究 [J]．管理世界，2016（1）：54 – 65.

[40] 刘京军，徐浩萍．机构投资者：长期投资者还是短期机会主义者 [J]．金融研究，2012（9）：141 – 154.

[41] 刘井建，纪丹宁，赵革新．机构网络、高管薪酬与治理效应——对我国机构投资者治理模式的发现 [J]．大连理工大学学报（社会科学版），2018（1）：38 – 48.

[42] 刘军．整体网分析讲义：UCINET 软件实用指南 [M]．上海：上海格致出版社，2009：97 – 107.

[43] 刘力昌，冯根福，张道宏．基于 DEA 的上市公司股权融资效率评价 [J]．系统工程，2004（1）：54 – 59.

[44] 刘长青．证券投资词典 [M]．北京：中国物资出版社，1993：108.

[45] 刘志成，刘斌．贸易自由化、全要素生产率与就业 [J]．南开经济研究，2014（1）：101 – 117.

[46] 娄伟．基金持股与上市公司业绩相关性的实证研究 [J]．上海经济研究，2002（6）：58 – 62.

[47] 卢福财．企业融资效率分析 [M]．北京：经济管理出版社，2001.

[48] 鲁桐，党印．公司治理与技术创新：分行业比较 [J]．经济研究，2014 (6)：115 – 128.

[49] 鲁晓东，连玉君．中国工业企业全要素生产率估计：1999—2007 [J]．经济学（季刊），2012 (2)：541 – 558.

[50] 罗进辉，万迪昉，蔡地．大股东治理与管理者过度投资行为研究：来自上市公司的经验证据 [J]．证券市场导报，2008 (121)：44 – 60.

[51] 马光威，钟坚．经济增长、稳定约束与国有企业混合所有制改革 [J]．经济与管理研究，2016 (5)：25 – 34.

[52] 毛洪涛，邓博夫，吉利．证券投资基金持股可以降低股权资本成本吗？——来自中国 A 股上市公司的经验证据 [J]．投资研究，2013 (11)：121 – 137.

[53] 米旭明，刘春雨，李硕．投资房地产能够提升企业资本效率吗？——来自中国上市公司的经验证据 [J]．南开经济研究，2019 (2)：78 – 100.

[54] 莫婷．我国股票市场的 QFII 投资特征研究 [J]．中国市场，2014 (37)：19 – 21.

[55] 穆林娟，张红．机构投资者持股与上市公司业绩相关性研究——基于中国上市公司的经验数据 [J]．北京工商大学学报（社会科学版），2008 (4)：76 – 82.

[56] 潘玉香，孟晓咪，赵梦琳．文化创意企业融资约束对投资效率影响的研究 [J]．中国软科学，2016 (8)：127 – 136.

[57] 綦好东，郭骏超，朱炜．国有企业混合所有制改革：动力、阻力及实现路径．管理世界，2017 (10)：8 – 19.

[58] 綦好东，乔琳，曹伟．基金网络关系强度与公司非效率投资 [J]．财贸经济，2019 (5)：68 – 83.

[59] 钱雪松，康瑾，唐英伦，等．产业政策、资本配置效率与企业全要素生产率——基于中国 2009 年十大产业振兴规划自然实验的经验研

究 [J]. 中国工业经济, 2018 (8): 42 - 59.

[60] 乔琳, 朱炜, 綦好东. QFII 网络关系与公司价值——基于中国 A 股上市公司的实证分析 [J]. 当代财经, 2019 (8): 128 - 140.

[61] 邵帅, 吕长江. 实际控制人直接持股可以提升公司价值吗?——来自中国民营上市公司的证据 [J]. 管理世界, 2015 (5): 134 - 146.

[62] 申宇, 赵静梅, 何欣. 校友关系网络、基金投资业绩与"小圈子"效应 [J]. 经济学季刊, 2015 (12): 430 - 428.

[63] 施炳展, 冼国明. 要素价格扭曲与中国工业企业出口行为 [J]. 中国工业经济, 2012 (2): 47 - 56.

[64] 石良平, 李洋. 机构投资者介入公司治理的作用研究 [J]. 上海经济研究, 2007 (7): 83 - 90.

[65] 石先进, 赵惠. 地方政府规模对工业企业资本效率的影响研究——基于空间面板模型回归的结果 [J]. 宏观经济研究, 2017 (7): 32 - 46.

[66] 宋建波, 高升好, 关馨姣. 机构投资者持股能提高上市公司盈余持续性吗?——基于中国 A 股上市公司的经验证据 [J]. 中国软科学, 2012 (2): 128 - 138.

[67] 宋建波, 文雯, 王德宏. 海归高管能促进企业风险承担吗?——来自中国 A 股上市公司的经验证据 [J]. 财贸经济, 2017 (12): 111 - 126.

[68] 宋军, 吴冲锋. 证券市场中羊群行为的比较研究 [J]. 统计研究, 2001 (11): 23 - 27.

[69] 宋渊洋, 唐跃军. 机构投资者有助于企业业绩改善吗?——来自 2003—2007 年中国上市公司的经验证据 [J]. 南方经济, 2009 (12): 56 - 68.

[70] 苏锦红, 兰宜生, 夏怡然. 异质性企业全要素生产率与要素配

置效率——基于 1999—2007 年中国制造业企业微观数据的实证分析
[J]. 世界经济研究, 2015 (11): 109 – 117.

[71] 谭劲松, 林雨晨. 机构投资者对信息披露的治理效应——基于
机构调研行为的证据 [J]. 南开管理评论, 2016 (5): 115 – 126.

[72] 谭松涛, 傅勇. 管理层激励与机构投资者持股偏好 [J]. 中国
软科学, 2009 (7): 109 – 114.

[73] 唐清泉, 罗党论, 王莉. 大股东隧道的挖掘与制衡力量——来
自中国股票市场的经验证据 [J]. 现代会计与审计, 2005 (1): 63 – 86.

[74] 唐跃军, 宋渊洋. 价值选择 VS. 价值创造——来自中国市场机
构投资者的证据 [J]. 经济学季刊, 2010 (1): 609 – 632.

[75] 藤莉莉, 宋光辉. 我国投资基金管理公司治理的困境及对策分
析 [J]. 经济问题探索, 2011 (4): 64 – 68.

[76] 藤莉莉, 庄敏妮, 韦妃. 基于三方动态博弈的基金"老鼠仓"
行为分析 [J]. 广西大学学报 (哲学社会科学版), 2012 (6): 52 – 56.

[77] 王爱群, 关博文. 机构投资者持股行为对公司债券融资成本的
影响 [J]. 社会科学战线, 2017 (12): 62 – 66.

[78] 王昶, 焦娟妮. 国际战略投资者引进对国有企业绩效影响的评
价与实证研究 [J]. 南开管理评论, 2009 (2): 11 – 19.

[79] 王典, 薛宏刚. 机构投资者信息竞争会引发羊群行为吗?——
基于中国股票市场的证据 [J]. 当代财经, 2018 (12): 60 – 70.

[80] 王会娟, 张然. 私募股权投资与被投资企业高管薪酬契约——
基于公司视角的研究 [J]. 管理世界, 2012 (9): 156 – 167.

[81] 王建琼, 陆贤伟. 董事声誉、繁忙董事会与信息披露质量
[J]. 审计与经济研究, 2013 (4): 67 – 74.

[82] 王珏, 祝继高. 基金参与公司治理: 行为逻辑与路径选择——
基于上海家化和格力电器的案例研究 [J]. 中国工业经济, 2015 (5):
135 – 147.

［83］王小鲁，胡李鹏，樊纲．中国分省份市场化指数报告（2021）［M］．北京：社会科学文献出版社，2021.

［84］王晓东，丛颖睿．零售业国有资本效率研究——基于所有制改革视角的分析［J］．中国流通经济，2016（30）：86-93.

［85］王艳，谢获宝．披露其他综合收益可以给市盈率带来溢价效应吗？［J］．会计研究，2018（4）：28-35.

［86］王竹泉，王苑琢，梁雪玲．企业资本错配的初步考察：基于营业活动分类的视角［J］．财务研究，2017（2）：25-32.

［87］魏明海，黄琼宇，程敏英．家族企业关联大股东的治理角色——基于关联交易的视角［J］．管理世界，2013（3）：133-147.

［88］温军，冯根福．异质机构、企业性质与自主创新［J］．经济研究，2012（3）：53-64.

［89］翁洪波，吴世农．机构投资者、公司治理与上市公司股利政策［J］．中国会计评论，2007（3）：367-380.

［90］吴晓晖，姜彦福．机构投资者治理效率研究［J］．统计研究，2006（9）：33-36.

［91］武立东，江津，王凯．董事会成员地位差异、环境不确定性与企业投资行为［J］．管理科学，2016（2）：52-65.

［92］肖欣荣，刘健，赵海健．机构投资者行为的传染——基于投资者网络视角［J］．管理世界，2012（12）：35-45.

［93］肖星，王琨．证券投资基金：投资者还是投机者？［J］．世界经济，2005（8）：73-79.

［94］辛清泉，林斌，王彦超．政府控制、经理薪酬与资本投资［J］．经济研究，2007（8）：110-122.

［95］熊家财，苏冬蔚，刘少波．制度环境、异质机构投资者与股价信息含量［J］．山西财经大学学报，2014（7）：48-58.

［96］徐永超，经朝明．我国上市公司并购绩效研究——基于资本效

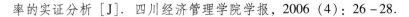

率的实证分析［J］．四川经济管理学院学报，2006（4）：26－28．

［97］许弘林．QFII 在我国证券市场的实践与影响研究［D］．上海：复旦大学，2007．

［98］许楠，田涵艺，蔡竞．非创始人管理下的 R&D 投入与产出——基于创业板企业的实证研究［J］．南开管理评论，2019（1）：111－123．

［99］许年行，于上尧，伊志宏．机构投资者羊群行为与股价崩盘风险［J］．管理世界，2013（7）：31－43．

［100］严杰．证券词典［M］．上海：复旦大学出版社，1993：195．

［101］杨桂菊．基于社会资本理论的网络组织演化机制新阐释［J］．软科学，2007（4）：5－8．

［102］杨海燕，韦德洪，孙健．机构投资者持股能提高上市公司会计信息质量吗？——兼论不同类型机构投资者的差异［J］．会计研究，2012（9）：16－23．

［103］杨海燕．机构投资者持股稳定性对代理成本的影响［J］．证券市场导报，2013（9）：40－46．

［104］杨兴全，张丽平，吴昊旻．市场化进程、管理层权力与公司现金持有［J］．南开管理评论，2014（2）：34－45．

［105］杨筝，刘放，王红建．企业交易性金融资产配置：资金储备还是投机行为？［J］．管理评论，2017（2）：13－25，34．

［106］杨宗儒．证券投资基金的利益冲突规制［J］．南方金融，2013（5）：71－75．

［107］叶德珠，李小林．CEO 财务经历与债务资本成本［J］．产经评论，2017（3）：135－152．

［108］叶建芳，周兰，李丹蒙．管理层动机、会计政策选择与盈余管理——基于新会计准则下上市公司金融资产分类的实证研究［J］．会计研究，2009（3）：25－30．

[109] 尹中立. 中国上市公司资本效率研究——以农业上市公司为主的实证分析 [D]. 北京: 中国社会科学院研究生院, 2003.

[110] 袁康. 资本形成、投资者保护与股权众筹的制度供给——论我国股权众筹相关制度设计的路径 [J]. 证券市场导报, 2014 (12): 4–11.

[111] 袁振超, 饶品贵. 会计信息可比性与投资效率 [J]. 会计研究, 2018 (6): 39–46.

[112] 曾峻, 伍中信, 陈共荣. IFRS、会计信息国际可比性与上市公司的资本配置效率 [J]. 会计研究, 2018 (12): 19–25.

[113] 张琛, 刘银国. 会计稳健性与自由现金流的代理成本: 基于公司投资行为的考察 [J]. 管理工程学报, 2015 (1): 98–105.

[114] 张涤新, 李忠海. 机构投资者对其持股公司绩效的影响研究——基于机构投资者自我保护的视角 [J]. 管理科学学报, 2017 (20): 82–101.

[115] 张功富, 宋献中. 我国上市公司投资: 过度还是不足? [J]. 会计研究, 2009 (5): 69–77, 97.

[116] 张敏, 马黎珺, 张胜. 供应商——客户关系与审计师选择 [J]. 会计研究, 2012 (12): 81–86.

[117] 赵洪江, 夏晖. 机构投资者持股与上市公司创新行为关系实证研究 [J]. 中国软科学, 2009 (5): 33–39, 54.

[118] 赵奇伟. 金融发展、外商直接投资与资本配置效率 [J]. 财经问题研究, 2010 (9): 47–51.

[119] 郑凯, 阮永平, 何雨晴. 询价对象间关系网络的IPO定价后果研究 [J]. 管理科学学报, 2017 (7): 57–67.

[120] 周春梅. 盈余质量对资本配置效率的影响及作用机理 [J]. 南开管理评论, 2009 (5): 109–117.

[121] 周绍妮, 张秋生, 胡立新. 机构投资者持股能提升国企并购绩效吗? ——兼论中国机构投资者的异质性 [J]. 会计研究, 2017 (6):

67 – 74.

［122］周绍妮，张秋生．国有资本布局结构与效率评价［J］．新疆社会科学，2017（2）：21 – 26.

［123］周伟贤．投资过度还是投资不足——基于 A 股上市公司的经验证据［J］．中国工业经济，2010（9）：151 – 160.

［124］周运兰，冯婷燕，魏婧娅．公司治理对投资效率影响的实证研究——基于制造业上市公司的经验证据［J］．大连民族大学学报，2018（2）：143 – 149.

［125］朱大鹏，王竹泉．企业资本效率与利益相关者保护——基于中核钛白重组的案例研究［J］．财务与会计，2017（6）：44 – 46.

［126］Aggarwal R. , Erel I. , Ferreira M. , Matos P. Does Governance Travel around the World? Evidence from Institutional Investors ［J］. Journal of Financial Economics, 2011, 100（1）：154 – 181.

［127］Akerlof G. A. The Market for "Lemons"：Quality Uncertainty and the Market Mechanism ［J］. Quarterly Journal of Economics, 1970（84）：488 – 500.

［128］Almazan A. , Hartzell J. , Starks L. Active Institutional Shareholders and Cost of Monitoring：Evidence From Executive Compensation ［J］. Financial Management, 2005, 34（4）：5 – 34.

［129］Ashbaugh H. , Daniel W. , LaFond C. R. Corporate Governance and the Cost of Equity Capital ［R］. Working Paper, 2004.

［130］Attig N. , Cleary S. , Ghoul S. , Guedhami, O. Institutional Investment Horizons and the Cost of Equity Capital ［J］. Financial Management, 2013, 42（2）：441 – 477.

［131］Bajo E. , Chemmanur T. J. , Simonyan K. , Tehranian H. Underwriter Networks, Investor Attention and Initial Public Offerings ［J］. Journal of Financial Economics, 2016, 122（2）：376 – 408.

[132] Barnard J. W. Who is Minding Your Business? Preliminary Observations on Data and Anecdotes Collected on the Role of Institutional Investors in Corporate Governance [J]. HLELJ, 1992, 10 (1): 23 – 169.

[133] Boissevain J. , Mitchell C. Network Analysis: Studies in Human Interaction [M]. The Hague: Mouton, 1973.

[134] Bourdieu P. Social Space and Symbolic Power [J]. Sociological Theory, 1989, 7 (1): 14 – 25.

[135] Brancato C. K. The Pivotal Role of Institutional in Capital Markets [M]. New York: Amold W. Sametz Institutional Investing, 1991.

[136] Brickley J. A. , Lease R. C. , Smith C. J. Ownership Structure and Voting on Antitakeover Amendments [J]. Journal of Financial Economics, 1988, 20 (1 – 2): 267 – 291.

[137] Brown A. R. R. On Social Structure [J]. The Journal of the Royal Anthropological Institute of Great Britain and Ireland, 1940, 70 (1): 1 – 12.

[138] Burt R. S. Structural Holes: The Social Structure of Competition [M]. Cambridge Harvard University Press, 1992.

[139] Bushee B. The Influence of Institutional Investors on Myopic R&D Investment Behavior [J]. The Accounting Review, 1998, 73 (3): 305 – 333.

[140] Bushee B. J. Do Institutional Investors Prefer Near – Term Earnings Over Long – Run Value [J]. Contemporary Accounting Research, 2001, 18 (2): 207 – 246.

[141] Chen X. , Jarrad H. , Kai L. Monitoring: Which Institutions Matter? [J]. Journal of Financial Economics, 2007, 86 (2): 279 – 305.

[142] Cheng C. S. A. Institutional Monitoring through Shareholder Litigation [J]. Journal of Financial Economics, 2010, 95 (3): 356 – 383.

［143］Chevalier J. , Ellison G. Risk Taking by Mutual Funds as a Response to Incentives ［J］. Journal of Political Economy, 105（6）: 1167 – 1200.

［144］Cho Y. The Effect of Financial Liberalization on the Efficiency of Credit Allocation: Some Evidence for Korea ［J］. Journal of Development Economics, 1988（29）: 101 – 110.

［145］Coase R. H. The Nature of the Firm ［J］. Economics（NS）, 1937, 4（11）: 386 – 405.

［146］Cohen L. , Frazzini A. , Malloy C. Sell – Side School Ties ［J］. Journal of Finance, 2010, 65（4）: 1409 – 1437.

［147］Coleman J. Social Capital in the Creation of Human Capital ［J］. American Journal of Sociology, 1988（94）: 95 – 120.

［148］Coleman J. S. Foundations of Social Theory ［M］. Cambridge: Belknap Press of Harvard University Press, 1990.

［149］Colla P. , Mele A. Information Linkages and Correlated Trading ［J］. Review of Financial Studies, 2010, 23（1）: 203 – 246.

［150］Conger J. , Finegold D. , Lawler E. E. Appraising Boardroom Performance ［J］. Harvard Business Review, 1998, 76（1）: 136 – 164.

［151］Conlisk J. Why Bounded Rationality?［J］. Journal of Economic Literature, 1996（34）: 669 – 700.

［152］Cornett M. M. , Marcus A. J. , Saunders A. The Impact of Institutional Ownership on Corporate Operating Performance ［J］. Journal of Banking & Finance, 2007, 31（6）: 1771 – 1794.

［153］El-Khatib R. , Fogel K. , Jandik T. CEO Network Centrality and Merger Performance ［J］. Journal of Financial Economics, 2015, 16（2）: 349 – 382.

［154］Enriques L. , Romano A. Institutional Investor Voting Behavior: A

Network Theory Perspective [J]. University of Illinois Law Review, 2019 (1):223.

[155] Ferreira M. A. , Matos P. The Colors of Investors' Money: The Role of Institutional Investors Around the World [J]. Journal of Financial Economics, 2008, 88 (3): 499 – 533.

[156] Ferris G. R. , Blass F. R. , Douglas C. , et al. Personal Reputation in Organizations [A]. In J. Greenberg (Ed.), organizational Behavior [C]. Mahwah, NJ: Lawrence Erlbaum Associates, 2003: 211 – 246.

[157] Fich E. M. , Shivdasani A. Are Busy Boards Effective Monitors? [J]. Journal of Finance, 2006 (61): 689 – 724.

[158] Firth, M. , Gao, J. , Shen, J. , & Zhang, Y. Institutional Stock Ownership and Firms' Cash Dividend Policies: Evidence from China [J]. Journal of Banking & Finance, 2016, 65 (4): 91 – 107.

[159] Fisman R. , Svensson J. Are Corruption and Taxation Really Harmful to Growth? Firm Level Evidence [J]. Journal of Development Economics, 2007, 83 (1): 63 – 75.

[160] Freeman L. C. A Set of Measures of Centrality Based on Betweenness [J]. Sociometry, 1977, 40 (1): 35 – 41.

[161] Galaskiewicz J. , Zaheer A. Networks of Competitive Advantage [A]. Research in the Sociology of Organizations [C]. London: JAI Press, 1999.

[162] Giannetti M. , Koskinen Y. Investor Protection, Equity Returns, and Financial Globalization [J]. The Journal of Financial Quantitative Analysis, 2010, 45 (1): 135 – 168.

[163] Gillan S. , Starks L. Corporate Governance, Corporate Ownership, and the Role of Institutional Investors: A Global Perspective [J]. Journal of Applied Finance, 2003, 13 (2): 4 – 22.

［164］Gilson S. C. Bankruptcy, Boards, Banks and Blockholders ［J］. Journal of Financial Economics, 1990, 27 (2): 355 – 387.

［165］Glosten L. , Milgrom P. Bid-ask and Transaction Prices in a Specialist Market with Heterogeneously Informed Traders ［J］. Journal of Financial Economics, 1985 (14): 70 – 100.

［166］Goldman E. , Slezak S. L. Delegated Portfolio Management and Rational Prolonged Mispricing ［J］. Journal of Finance, 2003, 58 (1): 283 – 311.

［167］Gomper P. , Ishii J. , Metrick A. Corporate Governance and Equity Prices ［J］. The Quarterly Journal of Economics, 2003, 118 (1): 107 – 155.

［168］Granovetter M. Economic Action and Social Structure: The Problem of Embeddedness ［J］. American Journal of Sociology, 1985, 91 (3): 481 – 510.

［169］Graves S. Institutional Ownership and Corporate R&D in The Computer Industry ［J］. Academy of Management Journal, 1988 (131): 417 – 428.

［170］Guercio D. D. , Hawkins J. The Motivation and Impact of Pension Fund Activism ［J］. Journal of Financial Economics, 1999, 52 (3): 293 – 340.

［171］Hong H. , Kubik J. D. , Stein J. C. The Neighbor's Portfolio: Word of Mouth Effects in the Holdings and Trades of Money Managers ［J］. The Journal of Finance, 2005, 60 (6): 2801 – 2824.

［172］Hsieh C. , Klenow P. Misallocation and Mannufacturing TFP in China and India ［J］. The Quarterly Journal of Economics, 2009, 124 (4): 1403 – 1448.

［173］Kahneman D. , Tversky A. Prospect Theory: An Analysis of Decision under Risk ［J］. Econometrica, 1979, 47 (2): 263 – 292.

[174] Karpoff J. M. Public versus Private Initiative in Arctic Exploration: The Effects of Incentives and Organizational Structure [J]. Journal of Political Economy, 2001, 109 (1): 38 – 78.

[175] Kochhar R., David P. Institutional Investors and Firm Innovation: A Test of Competing Hypotheses [J]. Strategic Management Journal, 1996 (7): 73 – 84.

[176] Lakonishok J., Shleifer A., Vishny R. W. The Impact of Institutional Trading on Stock Price [J]. Journal of Financial Economics, 1992, 32 (1): 23 – 43.

[177] LaPorta R., Lopez-De-Silances F., Shleifer A., et al. Legal Determinants of External Finance [J]. The Journal of Finance, 1997, 53 (3): 1131 – 1150.

[178] Laumann E. O., Galaskiewicz J., Marsden P. V. Community Structure as Inter Organizational Linkages [J]. Annual Review of Sociology, 1978, 4 (1): 455 – 484.

[179] Lee S., Yook S. H., Kim Y. Centrality Measure of Complex Networks Using Biased Random Walks [J]. European Physical Journal B, 2009, 68 (2): 277 – 281.

[180] Leibenstein H. On the Proposition of X – Efficiency Theory [J]. The American Economic Review, 1978, 68 (2): 328 – 332.

[181] Levinsohn J., Petrin A. Estimating Production Functions Using Inputs to Control for Unobservables [J]. Review of Economic Studies, 2003, 70 (2): 317 – 341.

[182] Lin N. Social Capital: A Theory of Social Structure and Action [M]. Cambridge: Cambridge University Press, 2002.

[183] McConnell J., Servaes H. Additional Evidence on Equity Ownership and Corporate Value [J]. Journal of Financial Economics, 1990, 27

(2)：595 – 612.

［184］Miller G. A. The Magical Number Seven, Plus or Minus Two – some Limits on Our Capacity for Processing Information ［J］. Psychological Review, 1956 (63)：81 – 96.

［185］Myers S. C. , Majluf N. S. Corporate Financing and Investment Decisions When Firms Have Information That Investors Do Not Have ［J］. Journal of Financial Economics, 1984 (13)：187 – 221.

［186］Nesbitt S. L. Long – term Rewards from Shareholder Activism：A Study of the Calipers Effect ［J］. Journal of Applied Corporate Finance, 1994, 6 (4)：75 – 80.

［187］Olley G. S. , Pakes A. The Dynamics of Productivity in the Telecommunications Equipment Industry ［J］. Econometrica, 2003, 71 (6)：1695 – 1697.

［188］Ozsoylev H. Asset Pricing Implications of Social Networks ［J］. AFA 2006 Boston Meetings Paper, 2005.

［189］Ozsoylev H. N. , Walden J. , Yavuz M. D. , et al. Investor Networks in the Stock Market ［J］. Review of Financial Studie, 2014, 27 (5)：1323 – 1366.

［190］Ozsoylev H. N. , Walden, J. Asset Pricing in Large Information Networks ［J］. Journal of Economic Theory, 2011, 146 (6)：2252 – 2280.

［191］Panousi V. , Papanikolaou D. Investment, Idiosyncratic Risk, and Ownership ［J］. Journal of Finance, 2012, 67 (3)：1113 – 1148.

［192］Pareek A. Information Networks：Implications for Mutual Fund Trading Behavior and Stock Returns ［J］. AFA 2010 Atlanta Meetings, 2012.

［193］Pond, J. Proxy Contests and The Efficiency of Shareholder Oversight ［J］. Journal of Financial Economics, 1988, 20 (1 – 2)：237 – 265.

［194］Pool V. K. , Stoffman N. , Yonker S. E. No Place Like Home：Fa-

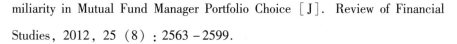

miliarity in Mutual Fund Manager Portfolio Choice [J]. Review of Financial Studies, 2012, 25 (8): 2563 – 2599.

[195] Pool V. K., Stoffman N., Yonker, S. E. The People in Your Neighborhood: Social Interactions and Mutual Fund Portfolios [J]. The Journal of Finance, 2015, 70 (6): 2670 – 2732.

[196] Porter M. E. Capital Disadvantage: America's Failing Capital Investment System [J]. Harvard Business Review, 1992, 70 (5): 65 – 82.

[197] Richardson S. Over Investment of Free Cash Flow [J]. Review of Accounting Studies, 2006, 11 (2&3): 159 – 189.

[198] Salvetti F., Snnivasan S. Local Flow Betweenness Centrality for Clustering Community Graphs [J]. Heidelberg: Wine, 2005: 531 – 544.

[199] Scott S. G., Bruce R. A. Determinants of Innovative Behavior: A Path Model of Individual Innovation in the Workplace [J]. Academy of Management Journal, 1994, 37 (3): 580 – 607.

[200] Shleifer A., Vishny R. W. A Survey of Corporate Governance [J]. The Journal of Finance, 1997, 52 (2): 737 – 783.

[201] Simon H. A. Administrative Behavior: A Study of Decision – Making Processes in Administrative Organization [M]. New York: Free Press, 1947.

[202] Solow R. M. Technical Change and the Aggregate Production Function [J]. The Review of Economics and Statistics, 1957, 39 (3): 312 – 320.

[203] Stein J. C. Rational Capital Budgeting in An Irrational World [J]. The Journal of Business, 1996, 69 (4): 429 – 455.

[204] Uzzi B. Social Structure and Competition in Interfirm Networks: The Paradox of Embeddedness [J]. Administrative Science Quarterly, 1997, 42 (1): 35 – 67.

[205] Vanhaverbeke W. , Beerkens B. , Duysters G. Explorative and Exploitative Learning Strategies in Technology-Based Alliance Networks [A]. St. Andrews: Academy of Management Proceedings, 2004.

[206] Wahal S. , McConnell J. J. Do Institutional Investors Exacerbate Managerial Myopia? [J]. Journal of Corporate Finance, 2000, 6 (3): 307 – 329.

[207] Wasserman S. , Faust K. Social Network Analysis: Methods and Applications [M]. NY: Cambridge University Press, 1994.

[208] Wei Y. M. , Liu L. C. , Fan Y. , et al. The Impact of Lifestyle on Energy Use and CO_2 Emission: An Empirical Analysis of China's Households [J]. Energy Policy, 2007, 35 (1): 247 – 257.

[209] Wurgler J. Financial Markets and the Allocation of Capital [J]. Journal of Financial Economics, 2000, 58 (s1 – 2): 187 – 114.

[210] Yan X. , Zhang Z. Institutional Investors and Equity Returns: Are Short-term Institutions Better Informed? [J]. The Review Offinancial Studies, 2009, 22 (2): 893 – 924.

[211] Zhang A. Protein Interaction Networks: Computational Analysis [A]. Cambridge: Cambridge University Press, 2009.